とまどう男たち

Tomadou Otokotachi

死に方編

大村英昭・山中浩司 編

HANDAI Livre 055

大阪大学出版会

目次

はじめに

やや手遅れ気味（ステージⅣ）の大腸癌を手術（切除）してもらって四年半が過ぎた。手術のおかげで、いったん四・一程度に低下していた、いわゆる腫瘍マーカーの（どんな単位かは知らないが「上限四」と明示してある）数値が、最近の血液検査では、なんと二七七・四。一方で「死ぬのは癌に限る」などと口走りながら、他方で抗癌剤を投与しているのはどうにも矛盾していると考えて一切の抗癌剤投与を拒否して以来およそ一年半。担当医からは「まあ仕方のないことですが、この数値で見る限りは、身体中の癌がすごい勢いで増幅しているといわざるを得ません」とのご託宣。

実際、昨年辺りから左脇下のリンパ節（？）のしこりが目立つようになり、今年に入って時に眠れないほどの疼痛に悩まされたりしているが、いまさら抗癌剤を再開する気にもならず、適当な鎮痛剤を処方してもらって、なんとか痛みだけは抑えるようにしている昨今。福岡県にある筑紫女学園大学の学長に就任するという、我ながらなんとも不思議な晩年を過ごしつつある。尋ねられれば「見栄を張ってまんねん」と応えるよりほかないが、本書に収めた「退《ひ》き際のダンディズム」は、そんな自分へのエクスキューズであるのかも知れない。いや、よく考えれば、本書に心のこもったエッセーを寄せて下さった三人の医師との間で何度かさせてもらった対話。それに手術後最初に抗癌剤治療にあたって下さった医師の次のような言葉。「投与します抗癌剤はいずれもアルコールで左右されるようなやわな毒ではありませんから、それで食欲が出るのなら酒もビールもどうぞどうぞ」と。きっと、これらの方々のおかげであろう、「放置すれば余命八ヶ月。ただしここで抗癌剤治療をすれば余命二年は……」との宣告以来いまに至るまで、さほどの動揺もせずに過ごしてきた。その間の想いを第1章「退き際のダンディズム」に十分込めることができたと満足している。

具体的にはエミール・デュルケム『自殺論』と、アーヴィン・ゴッフマンの諸論稿（社会学的エッセー）、それらを浄土真宗僧侶としての実体験に即して熟《こな》すことができたと自負するものである。もちろん、筆者以外の論稿も各々に力のこもったもの。この種の論文集にありがちなバラけた感じがなく、全体テーマに即した一定の統一性に貫かれている点、加えて、それらが寄稿者各人の死生観すら示唆する結果になっている点などを読み込んでいただければ幸いである。

ことに興味深いのは、決して長くはないが、医師としての実体験が自ずとにじみ出ているようなエッセーを寄せて下さった三人の医師が、申し合わせたように、各々、ご尊父のことに触れられ、父を畏敬する息子の気持ちを異口同音に吐露しておられることである。随分昔のことだが、筆者は、トラビス・ハーシという人がその非行少年研究の中で、ひとを尊敬するというのは人間にとって極めて大切な能力であるのだが、可哀想なことにたいていの非行少年にはこの「尊敬力」が涵養《かんよう》されていないのだと主張しているのを読んだことがある。爾来《じらい》、筆者の狭い交友関係においても、折にふれて、この主張を想い出してきたのだが、いま、三人のすぐれた医師の口から漏れる「尊敬力」の豊かさ、それが人格形成にいかに重要な意味を持つかをあらためて教えられたような気がする。この点を含めて、本書を味わっていただければ、編者としての喜びこれに過ぐるものはない。最後に、「心霊（たましい）の行方について」という、社会学書としては異例と見えるエッセー、並びにこれを巡る釈徹宗さんとの対論などを収録したが、これについては〝あとがき〟にふれるとして、「はじめに」の筆はここで擱《お》いておきたい。

大村英昭

二〇一五年五月一〇日

本書は、同名のタイトル『とまどう男たち　生き方編』の姉妹編である。本書成立の経緯については『生き方編』の冒頭にも書いてあるが、『生き方編』に関心をお持ちでない方もおられることと思うので、ここに簡略に記しておきたい。執筆者は全員、年に数回大阪で開催している「生き方死に方を考える社会フォーラム」の関係者ないし、ご講演をお願いした方々である。二〇〇九年から不定期に開催しているこのフォーラムは、もっぱら男性問題と終末期医療の話を扱う会で、毎回多彩なゲストをお迎えして、楽しく議論することが主旨である。内容はかなりきわどい話も多いが、幸い来場いただいた方から、好意的なご感想をいただき、おかげさまで、開催のたびに来場者は増える傾向にある。フォーラムについての詳細は、ホームページ（http://ikikata-forum.com/）をご覧いただければ、幸いである。

このフォーラムでの議論を、「生き方」と「死に方」に強引に分けて、それに「とまどう男たち」という頭をくっつけたものが本書とその姉妹編『生き方編』である。本書『死に方編』を読めば、超高齢社会を迎えた日本の現状も、考えようによっては、これまでの生き方死に方を考え直すよいチャンスと思えてくる。実際、エッセーを寄せていただいたドクターの諸先生のお話は、来場いただいた多くの方を勇気づけ、明るくしたように思われる。「生きること」も大事だが、「死ぬこと」も大事と考えれば、何となく気分も軽やかになる。フォーラムは、特段「男」の「生き方死に方を考える」とは銘打っていないし、また実際、来場者はおそらく女性の方が多いのであるが、執筆者は全員奇しくも男性で、女性にあれこれ「生き方」「死に方」を教授できるようなものでもない。「生き方」も「死に方」も男性の方が、ずっと不器用で問題含みであると考え、本書は、あえて「男」という言葉をタイトルにつけているが、女性読者の方からもぜひ忌憚のないご意見を賜りたいと考えている。

二〇一六年六月一二日

山中浩司

追記

共編者の大村英昭先生は二〇一五年九月二一日に他界されました。本書が、先生がご自身でかかわられた最後の書物となりました。最期はご自宅ではありませんでしたが、入院期間はわずかの間で、眠るように安らかに旅立たれたとお聞きしました。末期がんの診断を受けられてちょうど五年でしたが、最期の一ヶ月まで、ごく普通に自分の死のことについて話され、また冗談を飛ばされていました。フォーラムの関係者一同より謹んでご冥福をお祈り申し上げます。

第1章

退き際のダンディズム

大村英昭

はじめに

昔の親たちはたいてい、一人や二人は子供を亡くすという悲しい経験をしていた。そして、末の子が成長する頃には、たいていの親たちは役目を終えて無事に死んでいけたのである。七十歳が「古稀」と呼ばれていたとおり、長寿を保つ人はまれだったのであろう。ところが現在、先進国の多くで老いの稀少性は失われ――これを「老いの世俗化」と呼ぶ論者もいる――、末の子が成長した後、なお何十年も生き続けなければ死ねない時代に突入している。ほかに、こんな動物種は見当たらないという以上に、人類はまた、この「死ねない時代」のおかげで、父祖たちが育んでいた知恵や祈りの多くを忘れ去ろうとしているのではなかろうか。特に家族を含む、あらゆる人間関係を、はかない縁《えにし》と感じとった古人の思いなど、いまの私たちには想像しがたい。そこで、この章では、近代人が足をすくわれてきた「煽る文化」に対照させて、父祖の知恵の結晶ともいえる「鎮めの文化」の一端を説明しながら、いまの高齢化社会の――とりわけ男たちの――生き方と死に方を考えてみたい。

序節　「煽る文化」にさらされて

「鎮めの文化」とは

わが国の祭礼には何かを鎮めるという趣旨のものが少なくない。家を建てる前にされる地鎮祭があれば、地方によっては〝風の盆〟と呼ばれたりする風鎮祭もある。おわら節で知られる越中（富山県）八尾町のものは歌謡曲にもうたわれてあまりにも有名である。

実は、花鎮め（鎮花祭）というのもあるのだが、ご存知だろうか。春の、花が落ちる頃は〝木の芽立ち〟とも呼ばれて身体《からだ》の変調をきたしやすい。それで「やすらへ花よ」とうたいながら、落ちた花の精を鎮めることで、病気がはやるのを防ごうとしたのだろう。もとは宮廷行事だったようだが、いまでは薬品業者がスポンサーになって一般寺社においてもされているところがある。「花粉症」のことなど想い合わせると結構味わい深い祭礼である。

もちろん死者、とりわけ殉難者の御霊《みたま》を鎮める慰霊祭は、いまも広く行われている。その元祖のように言われる菅原道真の怨霊鎮め、これが北野天満宮の由来のようだが、実はわが国の文化事業は寺社の造営に限らず、和歌の撰集なども含め、その大半が魂鎮《たま》めをひそかなモチーフにしていたと言われる。ただし、特定の人の怨霊をもって祟りの元凶《もと》のように考えたのは、時代もかなり降ってからのことであろう。もとは、地鎮であれ、風鎮であれ、要は、自然の荒ぶる神を鎮めるというのが、その心だったはずだ。

いずれにせよ、諸外国の祭りの多くが、人々を元気づけ、むしろ煽る方向でなされるのに対し、日本の古くからある祭礼が、癒したり鎮めたりする側に傾斜しているのは興味深い。民族の文化的基調――通奏低音と呼ぶ論者もいる――が、どちらかというと、煽る側より鎮める側にあったといってよいであろう。評判のいい歌謡曲のことなど想われるなら、その文化的基調はいまにも深いところでは息づいていると見て間違いあるまい。

だが、ことに、欧米列強を真似た近代化を急いだ頃からだろう、一方で我われは、〝禁欲的頑張る主義〟を内実とする「煽る文化」に足をすくわれ、「鎮めの文化」をどこかに置き忘れたような精神状態に染められてきたのも事実である。現に、〝頑張れ〟とか〝早く、早く〟とか、人をせき立て煽るような声は大きいのだが、「それで十分、もういい、もういい」といった鎮める側の声は、どうも小さいと言わざるを得ない。社会学や経営学の方面で見ても、「達成動機」とか「志望水準」を云々する人は多いが、逆の「鎮静動機」や「諦観水準」を考える人はほとんどいない。既に臨死の床にある人に向かってすら、なお〝頑張ってネ〟という以外に言葉を持たない悲しさ。「このうえ、何をどう頑張れというの……」。精いっぱい頑張った末にガンにたおれ、死にのぞんだ看護師のひとりは、こう言って泣かれたと聞く〈柳田邦男『「死の医学」への日記』〈新潮社、一九九九年〉〉。本書に寄稿された医師たちが異口同音に、病院の、いわば〝いのちガンバリズム〟に疑問を呈し、「死ぬための医療」こそ必要であると言われるのも、せっかく培われていたはずの「鎮めの文化」を置き去りにしてきたつけが、医療の現場にまでおよんでいることの証《あかし》であろう。

もとより、医療現場のみの問題ではない。私たちは人生の節目ごとに疲れを癒し、心ひそかには鎮まりたいと願うものだ。いや、個々の人について言えるだけではない。人間の集まり、例えば国を単位に考えても、時代の曲がり角ごとに、つまりは「体制疲労」を癒し、心鎮めて反省するような秋《とき》が必要なのではあるまいか。

「禁欲的頑張る主義」の悲しさ

ことに福島原発の大事故を経験した現在、科学技術文明のおかげで実現するかに見えた豊かさの内実が、なんたる荒涼としたものか……。世界中いたるところに生じている歪《ひず》みのもとが、我われ自身の生活態度にあったことを、誰もが実感せざるを得ない局面に達しているのではないか。要は、ひたすら人々の欲望を煽り、かつ、そのどれをも実現できるかのように錯覚させてきた近代文明の、いわば白秋期（たそがれどき）なのである。にもかかわらず、この国の為政者たちは、なおも若い人たちを煽りたて、競争場に出て勝つためのノウハウを授けること——要は〝人材〟の育成——だけが教育であるかのように言い募っている。本当のところは、〝禁欲的頑張る主義〟よりほかに、どんな生活信条も持つことができないいまの中・高年の、精神的貧しさを露呈しているにすぎないにもかかわらず。

ことに〝社縁〟ばかりを頼りに、地縁や血縁の〝絆〟を小馬鹿にしてきたサラリーマン家庭において、いまの世の生きづらさがより一層顕著になってきているように筆者には思える。定年退職後に行き場を持たない高齢男性。そして、そんな夫の存在を疎《うと》ましく思う妻の憂鬱。いや、サラリーマン家庭における、子育ての難しさこそ、もっと大きな問題であるかもしれない。巷間、「子供は親の背中を見て育つ」などとよく言われる。だが、サラリーマン家庭における「親の背中」とは、どんなものだろうか。疲れ果てて不機嫌な〝おやじ〟と、その背中に〝ぐちぐち〟文句を言う〝おかん〟。おまけに口を開けば、〝はよ勉強せんかい〟の一点張り。これでは〝いじめ〟に憂さばらしするような生徒が出てきても無理はあるまい。欧米先進国からは、とくに男子が学業成績においても女子に圧倒されつつあることを示すデータが次々と公表されつつある。

しかも、本書『生き方編』の第1章に詳述されている通り、どうやら子供たちのみの問題ではないらしい。ひと昔前までは、〝男らしさ〟を表しているかにみなされていた態度特性――例えば人の援助を求めたがらない傾向など――のほとんどが、なんと「男という名の病気」の症候であるとまで言われるようになっている。実際、ＩＴ革命のおかげもあって、いまや男の〝腕力〟がものを言うような職場はますます狭められている。とすれば〝男らしい〟男なんて、いまや〝お荷もつ〟になりつつあるということだろうか。

「鎮めの文化」を担う男性へ

いや、いや、そこまで悲観的になる必要はあるまい。いまの人たちが考えている〝男らしさ〟、というより男性についてのジェンダー・イメージが、要は〝禁欲的頑張る主義〟を内実とする「煽る文化」の担い手としてしか想定できていない点が問題なのであって、この点さえ覆《くつがえ》して再考されるなら、〝男たるもの〟そんなに自信喪失に陥ることはないと筆者は思う。

で、ここからが本論というわけだが、以下に、〝男らしさ〟のことを、むしろ「鎮めの文化」の担い手とみなして考え直してみるなら、意外な可能性が見えてくるのではないかと推測して話をすすめたい。その際、一つに遊び論、二つに演技論、この二つの助けを借りながら、まずは、タイトルの〝ダンディズム〟がここではどのような意味で言われているのか、その辺りを説明することから始めよう。ただし、その前に少しだけ、現今の宗教情況についてのお浚《さら》いをしておきたい。

第一節　「遊びの精神」とダンディズム

宗教が「鎮めの文化装置」であるというのは、もとより筆者の希望的観測をまじえての、いわば提案である。ことにユダヤ＝キリスト教およびイスラム教のような一神教文化圏の歴史的事実、いや、いまのカルト教団を含めた経験的事実に照らして、〝鎮め〟どころか、宗教は、人びとの不安を煽り、ある方向へと大衆動員する当のものだから、むしろ「煽る文化装置」ではないのかと思われて当然である。だが筆者は、そのユダヤ＝キリスト教のまった只中の——遠藤周作が最晩年の力作『深い河』（講談社、一九九三年）で描いたような——「マザーテレサの尼さんたち」に、もっとも、良質の宗教的実践があると考えるものであり、その意味で宗教の、他のどんな実践活動にも代えがたい本領は、紛れもない「鎮めの文化装置」としてのそれであると主張するものである。

もっとも、ここでは日本仏教——ただし「神仏習合」から成る点は認めたうえで——を中心にして議論するつもりだから、一神教文化圏でのように強いて探すまでもなく、宗教の本領が「鎮めの文化装置」であることを論証するのに、さほどの手間はかからない。まずは、欧米一神教文化圏に出自をもつ〈聖・俗・遊〉の三次元モデルをとって説明しよう。

「俗」から離脱する方位

〈聖・俗・遊〉の三次元モデルに従って領域区分をするとなると、宗教は自明のことであるかのように、「聖」の領域に位置づけられるのが普通である。だが、ことに現代人が「俗」の日常生活世界から解放されるチャンスは、「聖」の領域よりワールドカップ・サッカーに見るとおり、スポーツイベントへの熱狂的参加、つまりは「遊」の領域においてのほうがはるかに多いのではあるまいか。もちろん現代社会の、「世俗化」と呼ばれる一般的傾向が進んだ結果に違いないが、だからといって、ときに〝宗教復興〟と呼ばれたりもする（正しくは）脱世俗化傾向が、しばしば併行して見られるだけに、すべてを「世俗化」の所為《せい》にして済ましてしまえるほど事態は単純ではない。

なぜなら、宗教教団の〝脱聖化〟――「俗」への妥協ないし「俗」との癒着など――が見られる一方で、教団以外のところ――アニメ作品や映画、小説など――においては、かえって「聖」という以上に、〝スピリチュアルな〟と呼んでいいような領域が隆盛になりつつあるのも事実だからだ。ただし、アニメであれ、映画や文学作品であれ、ここにいう〝スピリチュアルな〟ものは、〈聖・俗・遊〉の三次元モデルでいえば「聖」ではなく、「遊」の領域のものだという点を見逃してはならない。当然、先に触れたスポーツイベントへの熱狂的参加とも併せて、現代社会における「俗」からの離脱方位は「聖」より、「遊」のほうに向かっているといって大過あるまい。

日本仏教は「遊」に向かう

そしてもう一つ、日本仏教の先達たちは、もともと「聖」より「遊」の方向で、「俗」からの解放をはかってきたことも、併せて主張したいのである。というのも、わが国の、いわゆる出家者たちの伝記類を通覧すると――一神教文化圏の聖者列伝とはまるで違って――彼らがいかなる社会事業や福祉事業に対しても、むしろ意識的に背を向けている点、かつ、その悟達の境地を、しばしば「遊戯三昧《ゆうげざんまい》」に近い形で表現していたことが判るからだ。抽象的にいうより、江戸時代後期の禅僧、あの良寛の詠んだ歌あたりから推察していただこう。一方では峻厳な「道元禅」に倣った人ではあるが、他方では、今様《いまよう》「遊びやせんとて生まれける」を地でいくように、こう唄ってもいるのである。

かすみ立つ　長き春日を　子どもらと
手まりつきつつ　この日くらしつ

むらぎもの　心楽しも　春の日に
鳥のむらがり　遊ぶを見れば

よのなかに　まじらぬとには　あらねども
ひとり遊びぞ　我はまされる

では、日本仏教はなぜに「聖」ではなく「遊」のほうに赴いたのであろうか。一神教文化圏におけるほど「聖」が「俗」から独立した領分になってはいなかった――輸入された仏教が「鎮護国家」を旨としていた――ために、「俗」の権力にからめとられない用心としても遊び心のほうを尊重したのだろうが、それと関連して、心をあらゆる束縛から解き放つには、もともと「俗」からの分離度が「聖」よりも大きい「遊」領域のほうがまさっていることを知悉《ちしつ》してもいたのであろう。もちろん「遊」領域といえども、なんの決まりも

ない自堕落な世界ではない。ただ、その決まりは互いが自発的に尊重するものであるために、これを束縛とは感じないだけである。

先に挙げた良寛も、晩年、情愛深い近づきとなった若き貞心尼《ていしんに》に対しては、直接の語りかけを禁じ、必ず書いて詠むように決めていたという。だから、看取りに近い形で見舞いに来た貞心尼が……、

生き死にの　さかいはなれて　すむ身にも
　去らぬ別れの　あるぞ悲しき

と詠んだのに対して、

うらを見せ　おもてを見せて
　散るもみじ

と返したと、これは貞心尼側の文書が伝えるところである。

ダンディズムとファナティシズム

ここまで、宗教といえば「聖」領域のものという思い込みに抗して、日本仏教は、むしろ「遊」の領域でこそ、その本領を発揮してきたと述べた。で、次には急ぎ、表題のダンディズムを説明する番である。

実は、井上俊学兄が『死にがいの喪失』（筑摩書房、一九七三年）において、ダンディズムをファナティシズムの対照概念として用いており、筆者もこれにヒントを得て次のように説明したい。つまり、先の三次元モデルを再び使って、同じ「俗」からの離脱であっても、「聖」へ向かう時にはファナティシズムになりやすく、「遊」に向かえばダンディズムになりやすいのだ、と。ただし、ファナティックといえば一般に「狂信的」と訳されるのだが、これではファナティシズムもあまりにネガティブなイメージになってしまう。同じく〝ダンディ〟も、見栄を張るとか、見てくればかりの〝かっこ良さ〟では、ダンディズムもネガティブなイメージだけになってしまうだろう。だからここではファナティシズムを、ある信念を一途に追求する態度という程度に緩和する一方、ダンディズムもかっこ良さへの憧憬というように、より内面的な精神のあり方であるというふうに理解したい。それでも一方が「聖」の領域に、他方が「遊」の領域に、おのおの向かう態度特性である点に変わりはない。

生き方より、死に方として対照させた場合、井上俊学兄は強い意味のほうをとって、ファナティシズムは「殉教死」を、ダンディズムは「虚栄死」を結果すると言われたのだが、筆者は、少なくともダンディズムによる死は、かっこ良さへの「憧憬死」というように（ここでも）、プラスイメージを喚起できるような緩和した呼び方をしたいと思う。こうすれば、曹洞宗では、いまでもよく言われる「慕古心《もこ》」、つまり古仏を慕う心はもとより、古い『往生伝』が伝える「浄土願生者」たちの死に方をもたいていはカバーすることができるからだ。先に触れた良寛禅師は、一般には「浄土願生者」とはみなされてはいないが、それでも……

良寛に　辞世あるかと　ひと問わば
　南無阿弥陀仏と　いうとこたえよ

と詠んだことが伝わっている。

「煽る文化装置」としての宗教

いずれにせよ、宗教が「鎮めの文化装置」であるという筆者の、希望的観測をまじえた主張は、「遊」の領域に向かう態度特性、とりわけダンディズムの形をとった時に、最も明瞭にあらわれ、論証されると言っていいだろう。逆に、「聖」のほうに向かえば、ファナティシズムを結果しやすいが故に、その宗教は「煽る文化装置」とならざるを得ないとも言えるわけだ。

かのマックス・ヴェーバーが、キリスト教、とくにプロテスタンティズムの倫理――それを「禁欲のエートス」とも呼ぶ――を、「資本主義の精神」に結び付けたとおり、文芸や遊興には目もくれず、ひたすら「聖」に向かうピューリタン（清教徒）たちの、あの一途な真面目さこそ「煽る文化装置」としての宗教を典型的な形であらわしていたのである。と、ここまで言えば、古くは、かの「一向一揆」を、近くは創価学会のことなどを想われて、日本仏教のなかからも「煽る文化」が出現したではないかと反論される向きがあるかもしれない。

だが、筆者はあくまで宗教の本領がどこにあるかと問うているのであって、この観点から言えば、わが国における一見、宗教的に見える大衆動員もたいていは、「聖」と「俗」とが癒着したものか、もしくは「俗」に利用された結果にすぎないもののように思えるのである。そして、もし「俗」から完全に分離した「聖」に向かおうとする宗教運動が起これば、そのゆとりのなさ故に文字通りのファナティシズム（狂信）という危険なところにまで突き進むのが落ちであろう。

出家者のダンディズム

ところで、ダンディズムといえば、良寛より真っ先に想い当たるのは、あの西行（法師）ではないだろうか。かっこいい北面の武士——いまで言えば近衛《このえ》師団の隊長クラスといったところか——だった人が突然、道心を起こして出家したのだという。讃岐に流され非業の死をとげた崇徳《すとく》上皇と友誼を結び、生涯かけてその御霊《みたま》鎮めをしたのだとも伝わる。なるほど代表歌……

心なき　身にも哀れは　知られけり
鴫《しぎ》立つ沢の　秋の夕暮れ

は鎮魂歌と詠んでもおかしくはない。だから、単なる〝風流人〟でなかったことは確かであろう。むしろ当時流行《はや》った「数寄者」の心映えだろうか。『発心集』で鴨長明は「数寄」をこんなふうに説明している。「人の交《まじわり》をこのまず、身の沈めるを愁へず、花の咲き散るを哀しみ、月の出で入るを思ふにつけて、常に心を澄まして、世の濁りに染まぬを事とす」と。

そして、ダンディズムといえば、この「数寄」という言葉――もとは色好みの〝好き〟から来ているのだろう――から示唆されるように、花鳥風月への想い入れに加えて、異性へのつきせぬ思慕の情もあって、いずれにせよ、西行をして、お堅い禁欲主義者のイメージからは遠く隔てるところなのである。実際、西行は、崇徳上皇の母、待賢門院璋子《たいけんもんいんたまこ》に憧れ、終生追慕していたとも言われる。西行といえば、誰もが思うあの歌……

願はくは　花の下にて　春死なむ
　その二月《きさらぎ》の　望月のころ

もちろん（陰暦の）二月十五日といえば、釈尊が入滅した「涅槃会《ねはんえ》」に当たるから、この日を期して亡くなったとすれば、それこそ（仏）道心のなせるわざと言うべきだろうが、実は、待賢門院璋子の命日に当たる日に亡くなった――いずれにせよ、まさしく「憧憬死」である――という説も伝えられているのである。（奈良県）吉野の桜を愛《め》でる多くの歌も、彼女への恋情を託して詠まれているのだと聞けば、ダンディズムも、ここに極まれりといったところではないだろうか。

第二節　「演技の精神」とダンディズム

遊び心と並んで〝芝居っ気《け》〟というか、山崎正和のいう「演技の精神」もまた、ここでいうダンディズムの大切な構成要件である。しかるに「演技」をもって、我われの社会的行為（social action）全般を説明しようとした唯一の社会学者がアーヴィン・ゴフマンであり、故にかれの方法論はしばしばドラマツルギカル（演技、演劇論的）パースペクティブとも呼ばれてきたのだ。

中身の「役割」と外見の「役柄」

この方法論的視角の意義を明らかにするために、ゴフマンはまず人間行為を構成する要素として外見と中身の二つがあることを、しっかり頭に入れておくように言う。ためにかれは、ジャン・ポール・サルトルの哲学書『存在と無』（一九四三年）から、こんな面白いエピソードを引照する。

赴任した師範学校でも、サルトルならではの難しい議論をしていたのであろう。それでも、最前列にいた女子学生は耳をそば立てて懸命に聞いていてくれた。さぞかしいいレポートを出してくれると思いきや、それがまるで駄目……。で、考え込んだサルトルは、その原因を次のように説明する。

〈注意深くあろうとしている注意深い生徒は目を教師に据え、耳は大きく開かれていて、注意深くするという役割を演じて疲れ果ててしまう。結果、彼／彼女は何も聞かないのである〉

と。

こういった機微を「表現と行為のディレンマ」と呼んだゴフマンは、実はあらゆる行為を、外見と中身の区別立てから考え直すよう促しているのだ。つまり、外見（聞くふり）にこだわりすぎると、肝心、「聞く」という中身のほうは台無しになりがちである。この点を衝きながらも、本意は、従来の社会学で云々される「役割」は、仮に演じる（role play）と書いてあったにしても、その実、外見（ふり）のほうはまるで念頭にないかのようであると警告していたのである。

実際、テキストに「成人男性は家庭において父親役割を演じています」などと書いてあっても、外見の父親らしさなどにはまるで関知せず、家族システムにおける父親の意義ないし機能ばかりが議論されているのである。「外見」軽視の「中身」偏重。ここに「演技の精神」を正当に評価できない理由があることは誰にでもわかると思うが、だからこそゴフマンは、敢えて「外見」重視の社会学へとその舵を切っていったのである。既存の社会学が「役割」という中心概念を、その、いわば〝中身主義〟によって偏ったものにしているのである。我以上、かれは「役割」に代えて「役柄」（character）のほうを中心に据えるであろう。我われの社会的行為を「役割」行動ではなく、演じられる「役柄」として捉え直そうというのである。

演じることの意義

もっとも、先に言った意味における〝中身主義〟の通弊は、社会学や経済学ばかりか、近代の欧米思潮にながく広く蔓延《はびこ》る偏向でもあった。ひどくなると〈中身＝本もの、外見＝偽装〉式の思い込みにまで至り、そのことが、とりわけ近代主義の欧米思想界で、ながく「演技の精神」が貶下《へんか》されてきた理由だと言うのは山崎正和である〈『芸術・変身・遊戯』（中央公論社、一九七五年）〉。ゴフマンが「表現対行為（の中身）」のディレンマを指摘して注意を喚起した事情にも似て、だから山崎はいささか大仰な言葉遣いでこう言わなければならなかった。

〈食物を摂ること（→中身）より、その摂り方のスタイル（→外見）に配慮を向けるのは、動物にない人間の特色であり、これこそ一切の人間的な文化の根底にある態度だといって過言でない〉

と（括弧内は筆者）。

もちろん、中身を台無しにするような拙い演技は、いたずらに観客の失笑を買うだけであろう。演技過剰とか〝芝居がかった〟とかをいい意味で使うことはない。が、だからといって、ふりにこだわる我われの態度を直ちに貶《けな》すこともない。このことは、エチケットとかマナーとか、いわゆる儀礼的と呼ばれる所作を考えればすぐにわかる。これらは、その場の状況ないし〝フォーカス〟――なかでも重要なのは、互いがその場にプロジェクトし合っているアイデンティティ（↓面子《めんつ》）である――を、しばしこわさないでおこうとする（共謀的）気配りなのだ。にもかかわらず、化粧なども含めて、これら儀礼的（↓演技的）なものの一切を、真実を覆い隠すうその意味にとるのは、「中身＝本もの」幻想にとらわれた近代人の悪い癖である。

誰もいない室で、それでも鏡に向かってポーズをとっているあなたには、誰かをだまそうなどというさもしい思惑はないはずだ。それより、この種の素ぶりのポイントは、一見鏡の前に拝跪するあなたが、実はもう一人の――拝跪対象としての――「あなた」をも、いわば埋め込み（embedding）の形でプロデュースしている点にある。こうして、さまざまなふりによってその都度プロデュースしているもう一人の「私」は、単なる影でも、もとよりうそでもなくて、各場面にふさわしい、まぎれもない（authentic）リアリティなのである。

「罪」の意識より「恥」の意識のほうが深い

もう一つ、欧米思潮において「中身＝本もの」式の偏見からする明らかに誤った考え方がある。それは「恥」の意識ないし「恥の文化」を、「罪」の意識ないし「罪の文化」より低く評価しようとする傾向によってあらわになる。

精神分析学のジグムント・フロイトにおいても、比較文化論のルース・ベネディクトにおいても、「罪」のほうがアダルトで高級、「恥」のほうは幼稚で低級とみなされている点で変わりはない。ちょうど、社会学の役割論が、外見を持たない中身だけの――だからまるで〝透明人間〟ではないか――行為を本もののアクションのごとく錯視しているように、（実は）特定イデオロギー――例えばユダヤ＝キリスト教の「原罪論」――によって、せいぜい頭ないし意識のレベルで理念的に醸成される程度の「罪」の意識をよほど深い（本ものの）ように錯覚し、逆に外見にこだわることで実は身体性の感情レベルから湧き出すほどの「恥」の意識は、ついに見据えることができなかったのであろう。

中間考察を省いて言ってしまえば、我われは中身の役割《ロール》遂行に失敗した時に限って罪の意識にとらわれ、しかしもっとありふれたすべての場面において、自分（キャラクター）にふさわしくない振舞いをしてはひそかに恥（→羞）じいっているのである。しかも、羞じいる心の動きのほうが、身体の奥深くから湧き出る、まぎれもない感情モードなのである。こちらのほうが、どんなイデオロギーともかかわりなく、人類普遍の感情モードだという意味において、なるほど山崎正和の言い方を借りて「人間的な文化の根底にある態度だといって過言でない」。ゴフマンの描く人間像が罪の意識より、はるかに恥の意識に敏感な人びとであったことも頷ける。そう、これぞ古い欧米の近代主義的イデオロギーからは解放された、それこそポスト・モダンな都市型人間だったからであろう。という意味は、そんな近代主義的イデオロギーを知らない、ずっと昔の人たちの間では、かえって「恥の文化」のほうが、「罪の文化」より優《まさ》っていた可能性もあるということだ。先に挙げた良寛などはその最たる例であって、終生かれは「含羞の人」であったと言っていいほどなのである。

まとめて図式化しておこう

〈中身↓役割（ロール）↓システム機能に貢献
↓（失敗すれば）罪の意識〉

〈外見→役柄（キャラクター）→各場面にふさわしく演じる
→（失敗すれば）恥の意識〉

役割と役柄のバランス

いまの社会、仮に〝ものづくり〟から〝ひとづくり〟への力点変更がある――プロデュースという言葉の意味変化によく表れている――としても、だからといって、どんなシステムであれ、そのサバイバルに貢献する「役割」をおろそかにできるほど生易しくはない。当然、「役割」と「役柄」、双方に対して〝充当《カセクト》〟される感情エネルギーの配分が問題となるであろう。

大著『フレーム・アナリシス』に至って、ゴフマンは、各場面および各キャラクターのリアリティ（ないしイメージ）をつくり出す、構成的（framing）ルール、具体的には暗黙の〝フィーリング・ルール〟が、実は人びとの感情投入（involvement）の量をも同時に規定していると言う。いや、「役割」とはフレーム・レベルの違う「役柄」を演じる、とは、この投入量の操作そのものだといってもいいぐらいなのである。教師という役割を遂行しつつ、我われは同時に〝話のわかるナイスガイ〟でもあろうとする。一方に入れ込み過ぎることは、いずれにせよ役割演技を台無しにする。かつ、「教師」を演じ損ねては罪の意識に、〝ナイスガイ〟を演じ損ねては恥の意識に、それぞれ苦しむことになるだろう。ただし、ここでいきなりフレーミング・ルールだの、フレーム・レベルだのと言ったので『フレーム・アナリシス』をご存知ない大かたの人には戸惑いが生じよう。そこで、節を改め、またも〈聖・俗・遊〉の三次元モデルを借りて、必要最小限の説明を加えておこう。

第三節　成り切らない演技力

次頁の図によって説明しよう。ご覧の通り、三つの領域区分はあるが、いずれも――もちろんものの世界に係留（anchoring）されていることは否定しないが――そのリアリティは言語によって構築されている。とくに「俗」の生活世界といえども、例えば〝けんか〟を見て、「アッ、けんかをしとる」と判るのは、誰もが言語から成る同じ認知枠組み（フレーム）を共有しているからなのだが、あまりに自明の事柄については、通常、人びとはそ

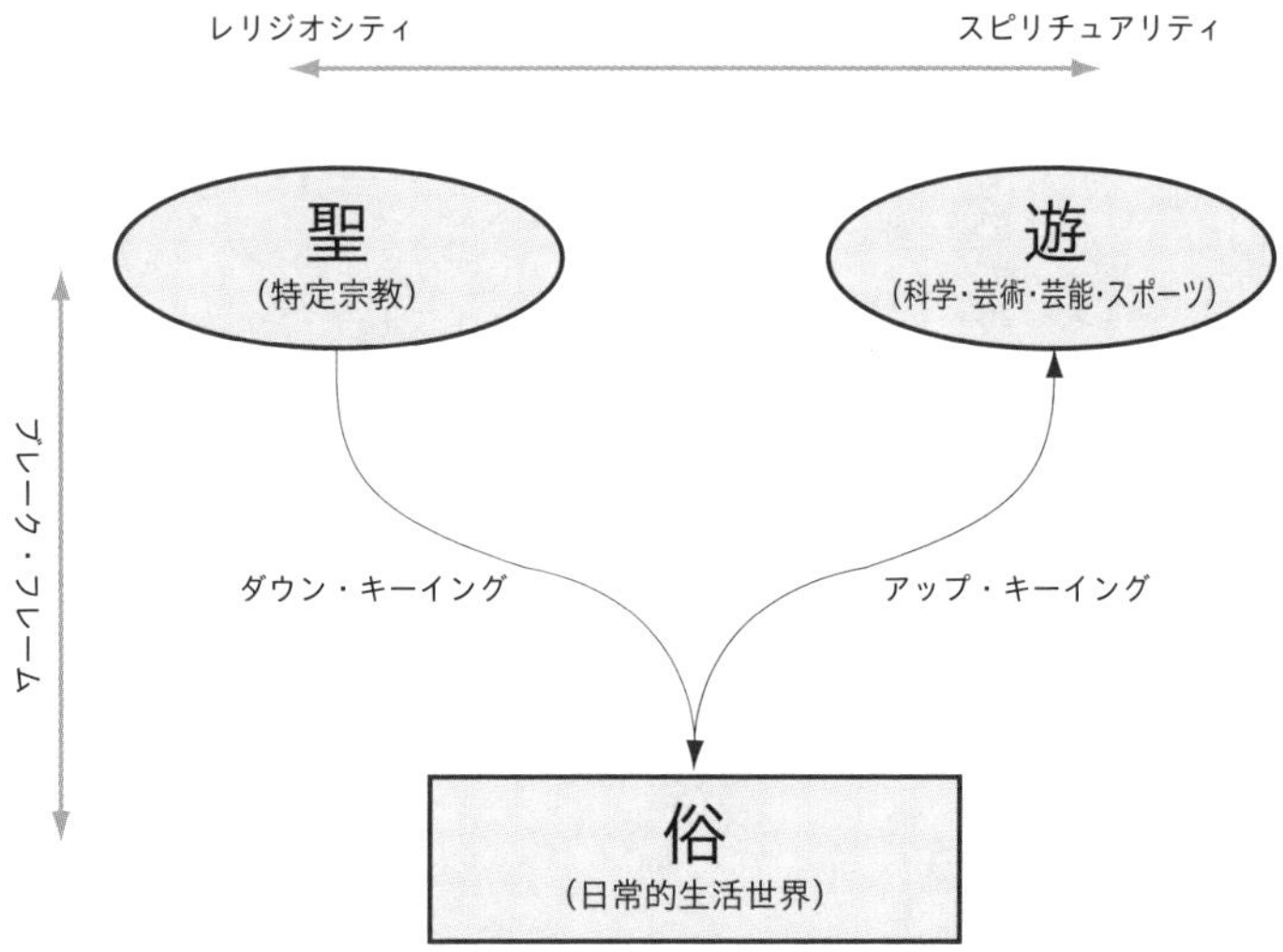

図1-3　3次元モデルとフレーム分析

のリアリティがフレームによる構築だなどとは思わない。それでゴフマンも、「聖」と「遊」の二つだけを「フレームによって構築された世界」（framed reality）と明言する一方、「俗」については、必要がある時に限って〝プライマリ・フレームワークス〟に依る常識的な生活世界と指摘する程度に止めている。

多層のリアリティ

次に、「聖」の領域そのものは前に述べた通り、〝スピリチュアル〟なものへの希求はあるものの——これは、むしろ宗教以外のところにあるものだから——「世俗都市」の〝普通の人びと〟にとってはさほどの魅力がない。だから、こんな折、くそ真面目に宗教を求めると、「俗」や、ことに「遊」領域への怒りや不満の故に容易に独善的な原理主義か、あるいは文字通りのファナティシズムに陥りがちである。筆者が同じ宗教心といっても、「特定宗教」が培う'religiosity'と、「遊」領域の文芸などに培われる'spirituality'とを区別せよと要請しているのも、この辺りの事情が気になるからである。

という次第で、ここでは重点を「遊」領域に置いて、これと日常的な生活世界との関係をはっきりさせていこう。ゴフマンによれば、我われが共有する認知枠組みは、多層的に、いわば「意味の層」をなしており、通例、この「意味の層」の違いは即座に見分けることができるというのである。どのような事態を指して言っているのだろうか。

ゴフマンが引照するように、グレゴリー・ベイトソンは、あのかわいいしぐさの動物カワウソを観察して、二匹が一見、同じような動作をしているのに、ある時はけんかであり、ある時は遊びであると、互いにきっちり識別し合っているらしいことに気が付いた、それで、このように動物ですら同じ動作を違った意味の層、ないし違ったフレーム上に表現することができるのなら、ましていわんや人間においてをや……というわけで、この意味の層の違いをフレーム・レベルの違いというふうに記述した。これを受ける形で、ゴフマンは、語の正しい意味における「多元的現実」論をフレーム・アナリシスとして提起したのである。

人間種においては、より多層的に「意味」の違いが識別されるはずだから、その層の間を往来することもより自在になされているであろう。その代わり、ときにはフレームのとり違い（→錯覚）も起これば、意図的にこのとり違いを促すような仕掛けをつくることもできるわけだ。

生活世界では〝けんか〟である同じ動作、つまり殴り合いも、「遊」領域のスポーツに転形（transform）されて〝ボクシング〟になる。ゴフマンは、この転形操作のことを音楽のメタファーにのせてキーイング（転調）と呼んだ。生活世界のリアリティを保証する共有意味システムを〝プライマリ・フレームワークス〟とする一方、これにスポーツゲームのリアリティを保証する別の層の意味システムが付加されているので、この場合の転形操作は〝アップ・キーイング（up-keying）〟と呼んでいい。逆に、子供の場合によくあることだが、当初は遊びとして突っつきあっていたものが、いつの間にか本ものけんかになってしまう、これは、まさしく〝ブレーク・フレーム〟（フレームのこわれ）であるが、フレームが一枚はがれた〝ダウン・キーイング（down-keying）〟でもあるという次第である。

科学の「応用」と〝ダウン・キーイング〟

さて、科学といえば、実験とか、論理的なシミュレーションとかによって支えられていることは誰もが知っていよう。つまり、科学的世界というのは、「俗」世間のリアリティを支えている認知フレームとは、明らかに違った「意味の層」にあるものだ。だから、科学を生活世界に「応用する」と呼ばれる事態は、意図的なフレームはがし、ないし〝ダウン・キーイング〟と考えてもおかしくはあるまい。

ことに〝原発〟をめぐって幾多の疑問が提起されつつあるいまの情況に鑑みて、核エネルギーの――平和利用という名の――安易な「応用」は慎むべきだというか、所詮は持ち分を踏み外した〝ダウン・キーイング〟のわざにすぎないと考えておくのは大切なことではないかと筆者は思う。この点に関連して、ゴフマンが、この種の〝ダウン・キーイング〟は、だましのテクニックにもなり得るとして、そういうケースを偽造的（fabricated）キーイングと呼んだことは興味深い。つまり、先に言った子供たちのけんかのように無自覚のままフレームを踏み外すのではなく、相手をだます目的で自分だけがこっそりダウン・キーイングする、そういうケースもあり得ると言っているのだ。

いわゆる〝八百長〟のことを想われると判り易い。観衆はスポーツゲームと思って応援しているのだが、当事者たちは「遊」フレームではなく、同じ所作をはなから「俗」の生活世界のフレームにダウン・キーイングして行っているようなものである。もちろん、同じテクニックはアップ・キーイングの方向においても使うことができる。人間相手になされる心理学の実験がその良い例だろう。被験者の学生たちは、普通の生活世界での出来事だと思って反応するのであるが、実験者の側は、これが実験計画にしたがった、つまりシミュレーションされた条件のもとでの出来事であると知っているのだ。それこそ〝知らぬが仏〟であろう、〝八百長〟のように金銭目的でない分、罪は軽いとゴフマンは言うが、クライアントの側を置き去りにしたまま、自分たちだけが別のフレームにこっそり移動する、この意味でのだましである点で変わりはない。

科学実験の成果を「応用」する場面は、それがダウン・キーイングのわざであったとしても、そのことを誰もがよく知っている限りにおいては、もちろんだましのテクニックではない。だが、どうなのだろう。「応用」の結果としてあり得る危険を、実は知っていながら隠蔽していたとしたら……。〝原子力村〟に結集した研究者のほとんどは、クライアントをだましていたと言われて致し方ないのではあるまいか。少なくとも彼らの演技力は、ここに言うダンディズムとは、まるで違った方向で発揮されたということは確かである。

同時に複数の「私」が演じられる

では急ぎ、「演技の精神」がダンディズムとして発揮される局面について説明しよう。そもそも演技とは、次元の異なったフレーム上に複数の「私」を、しかも同時に表現して見せることだという点を確認しよう。前にも言ったように、生活世界のフレーム上では〝おかたい〟教師を演じながら、同時に「遊」のフレーム上に〝話のわかるナイスガイ〟をも演じて見せるという次第である。

本ものの舞台芸術を例にとって、この同時に演じられる二役こそが演技の最も重要なポイントであることをわかっていただこう。仮に『勧進帳』という芝居のことを想ってほしい。〝通〟の観客ほど、同じ『弁慶』でも、「松本幸四郎」が演じるのと「市川団十郎」が演じるのとでは微妙に異なり、そして、その違いを見分けたりするのが芝居見物の醍醐味であるかのように言う。ということは、もし役者がある『人物』に成り切ってしまうと、「幸四郎」と「団十郎」との違いもなくなるはずだから、かえって興味をそがれるということだろう。言い換えると、名優ほど、『弁慶』と同時に、フレームレベルの異なるもう一人の「幸四郎」なり「団十郎」なりをも、同時に演じているという意味である。

演者の二役に対応して、実は観客のほうもフレームレベルの異なる二つの役を同時に演じているのだと、さすがにゴフマンの演技論は周到に言いすすむ。すなわち、芝居に感激して涙しながら、手に持った〝のり巻き〟を口に運ぶことを忘れないといった按配なのだが、涙する『観客』を 'onlooker（見物人）' と呼べば、〝のり巻き〟を口にしたり、〝放屁〟したりする「観客」のほうは 'theatergoer（通客）' と呼べるだろうと言うのである。ここでも同時に二役を演じていることは、一方が『弁慶』に対応し、もう一方が「幸四郎」に対応している点も併せて、よく判っていただけよう。

ところで、同時に二役を演じる点を強調するのは、だから、どちらの役柄にも「成り切らない」一種の抑制力こそ演技の眼目だということを言いたいためである。まずは、「聖」に向かう、あのファナティシズムが、一つの役柄への、むしろ「成り切り」をもって特徴としていたことを想い出そう。「俗」や「遊」には目もくれない一途な態度は、当人の主観では禁欲的にして、かつ賞讃されてしかるべき態度なのであろうが、見方を替えれば、他の可能性に目をやるゆとりのなさであり、猪突猛進を食い止める抑制力のなさにすぎないのではあるまいか。

「通」の観客としての私

演技が「遊」領域に根ざす以上、所詮は〝遊び〟ではないかといった「つき離した」（detached）態度がどこかに潜んでいるはず。ただし、だからといって、映画であれ芝居であれ、熱中して涙まで流している人に向かって、こんなもの〝つくりごとじゃないか〟などと言うのはよろしくない。先に言った通り、そんなことは百も承知の‘theatergoer’であり続けながら、でも同時に、‘onlooker’でもあり得るのが、そもそも「観客」としての演技力そのものだからである。こういう演技力がダンディズムに至る経緯を、おすましの美人女優から聞いた、次のようなエピソードから類推していただこう。

正装した人たちの集いだったらしい。彼女、〝オホホホ……〟といかにも上品に——つまり抑制の効いた——笑いをもらした瞬間、どうしたわけか、周囲にもそれとわかる程度の〝おなら〟までもれてしまった。互いの「私」ないし面子《フェイス》をかばい合っているこういう場においては、通例、それを危うくするようなハプニング——いくら転調していても身体という〝資源（resource）〟に根ざしている以上、よくあることだ——は、皆で共謀して無視するのが礼儀である。だが「彼女」のハプニング、無視するには余りがあったらしい。真向かいの人たちも明らかにこちら方面をうかがっている。幸い、彼女の真隣りに、むっつりした男性が座っている。で、「彼女」、真向かいの人の視線に重ねるようにしてこの隣りの男性をにらみつけた……。と、この「男性」、〝面目ない〟といわんばかりに下を向いた、と。

これぞ本ものの〝ジェントルマン〟という次第で、演技とダンディズムとの結び付きを説明しているのだが、併せて、――敢えて言うのだが――複数の「私」を演出することが、決して病的な自己分裂でないことも判ってもらえるであろう。さらに言えば、舞台上の「私」を鑑賞できるもう一人の私がいること、これもまた「演技の精神」に属する事柄だという意味である。ただし、この観客としての私が、精神分析学で言われる、あの〝スーパー・エゴ〟であってはならない。

精神分析学で言われる〝スーパー・エゴ〟は、むしろ「聖」の領域から、演じる「私」を見おろし査定する、いわば監視者であって、「遊」の領域に留まって「私」を鑑賞するもう一人の私ではないのである。先に言った「通」の観客がそうであるように、まずは、たった一つの「役柄」に入れ込み過ぎないということ、二つに、いまは下手《へた》でもいずれ良くなるというゆとりと期待をもってながめていること、つまりは、舞台上の「私」にやさしいもう一人の私が舞台の下にいることが必要なのである。

若い間は己れに厳しいもう一人の私もいてくれる必要があるのかもしれない。だが、やり直しの効かない年齢《とし》になって、なおも手厳しく「私」を責めるようなもう一人の私がいたのではたまらない。所詮は遊びの世界、それなりに〝やっとるわい〟という程度に見てくれる「通」の観客、これぞ中年男の「理想我」だと筆者は思う。ことに先ゆき不透明なこの時節、どんな役柄であれ、それに凝り固まるのではなく、むしろ、たった一つの役柄に〝しゃかりき〟にはなれない抑制力こそが大切ではなかろうか。

第四節　「中途半端」を愧《は》じる心

先に、演者としては、むしろ成り切らない演技力が必要だと言い、併せて「通」の観客としての「もう一人の私」も必要なのだとも言った。もちろんプロの演者ではないし、第一、実人生に、お決まりの台本などありはしない。当然、演じ損ねては、ひとり羞恥《しゅうち》に泣くという事態はいくらでも起こるだろう。ことに若い間は、円熟した「通」の観客とはいかない厳しい「理想我」の故に、かえって成り切れない「自分」にいら立つこともしばしばだろう。どんな演技も「協力的な観衆」の前でしか成功しないという鉄則に照らして、良き友人に恵まれることが必要なのだが、残念ながら若いうちは、この「良き友人」のなんたるかすら判らないのが普通だろう。

『自殺論』に学ぶ「中途半端」の意義

いずれにせよ、プロのように特別の修練をしない以上、先に言った「成り切らない演技力」は、ライフステージの後半部ないし晩年に至って、ようやく身につくものであろう。しかも、この「成り切らない状態」は、いわば宙吊り、なにごとにつけ〝ほどほどに〟はいいとしても、なお「中途半端」という慚愧《ざんぎ》の念は残って当然である。だから、〝いい歳をして〟なお、己れ自身にいら立つこともあるだろう。だが、そういう精神状態の時にこそ、実人生も所詮は遊びであり、たとえ「職責」といえどもステージ上の役柄にすぎないと思い切る「演技の精神」が大切なのである。

そこで、やや意外に思われるかもしれないが、筆者がエミール・デュルケムの『自殺論』（一八九七年）に学んだところから、言ってみれば「中途半端」の効用とでも呼ぶべきあたりに照準して話を進めようと思う。まずは「アノミーによる自殺」に触れて語った「中庸の満足」に注目しよう。経済市場の〝弱肉強食〟的競争は人びとをアノミー情況――要は、諦められない心理状態――に追い込むというわけだが、そんな折には、それこそ〝ほどほど〟のところで満足できる、いわば老成した知恵が要ると言うのである。

そういう言葉遣いはしていないけれど、「煽る文化」のただ中にあっても、もう一方の「鎮めの文化」を忘れることなく、そこに息づく知恵に学べと言っているにも等しかろう。ただし、アノミーの対極、すなわち、なにもかも諦めざるを得ないような「宿命主義」に陥ると、これはこれで自殺の原因になると言い、だから、適度に人びとを煽る必要があることも認めているようなので、なんとも「中途半端」な印象を与えることも事実である。

徹し切れない「自己本位」

そこで、次には、この〈アノミー vs. 宿命主義〉の横軸に交差するかのように提起されているもう一つ、縦軸のほうに目を移そう。つまり、〈エゴイスム――ただし、日本語の「利己主義」ではデュルケムの本意を損なうので「自己本位」と訳される―― vs. 愛他主義〉のラインである。

もちろん、このラインに沿っても両極はともに自殺を促す作用を持つというわけだから、少なくとも自殺を免れるという点では、またも両極に偏らない中間辺りがいいということになる。もっとも、現代社会において、「愛他主義」の故に自殺するケースなど滅多にないから、デュルケムは現代人の不幸を、もっぱら「自己本位」の側で考察することになった。ところが、この理由で「自己本位」が本来的に持っている弱点を、「常軌を逸した個人主義」というように強調すればするほど、問わず語りの形で「愛他主義」の持ち味なり意義なりが示唆されることとなり、結果的には、「中途半端」というより、より積極的に「自己本位」と「愛他主義」との両立可能性が問われることになるのである。

「人は、己れ自身を目標にしてはかえって生きづらい」は、「自己本位」による自殺を語った折に漏らした名言だと思うが、実際、東日本大震災のあった二〇一一年度の自殺件数が減少したという事実、ことにそれがあの「誰かのために」の歌声とともに起こったことは、デュルケムの名言を逆方向から証明したと言ってもいいだろう。すなわち、周囲に不幸が充満してくればくるほど、常日頃は「自己本位」に生きていた人も、奥深く隠しもっていた「愛他主義」に促されて行動するという意味であろう。

もちろん、この「愛他主義」が長続きはしないという点では「中途半端」なものかもしれない。だが、ボランティア活動に参加した人の数の多さから見ても、「自己本位」だけではかえって生きづらいことも、「愛他主義」との両立可能性も、論理に先立って現実が証明したのではないだろうか。あるいは「中途半端」に戻って、こう言ってもよかろう。人は「愛他主義」に徹することもできない代わりに、実は「自己本位」に徹することもできないのである、と。

家庭も実は、演技の舞台

このあたりで、前節で言ったこと、つまり人は誰しも複数の「私」を、しかも同時に演じることができる、かつ、そのためにも一つの役柄に成り切ってはならないという点を想い出してもらおう。そうすれば、ここで言った、どちらにも徹し切れない一見の「中途半端」が、かえって「演技の精神」には即していることが判られよう。

ことに誰もが日々に経験している親子関係や夫婦関係のことをよく考えてみられるがいい。そうすれば、一見、演技とは異なる純粋な（？）人間関係のように思い込まれている家庭生活も、その思い込みとは裏腹に、実は、互いの気遣いや気配りが支える、要は「演技の精神」に満ちあふれた秩序世界であることが判るだろう。当然、「自己本位」にも「愛他主義」にも徹し切れない中間辺りが家庭生活の舞台であることも判られよう。

ただし、『自殺論』それ自体は「演技の精神」からは程遠い作品だから、「中間辺り」や「中途半端」が表立って推奨されているわけではない。デュルケムが意図したのは、市民革命時のスローガン、例の〈自由・平等・博愛〉は、本来、三つが相寄って初めて一つの理想社会が描けていたのに、現実には三つがバラバラになり、それどころか相互に対立するかのように観念されるに至った。こうなると〈自由・平等・博愛〉は順に「自己本位」・「アノミー」・「愛他主義」を各々誘発することになり、挙句、各々の極においては自殺要因にすらなると主張した——いや、自殺に関する統計数値を用いて論証した——のである。だから、「中間辺り」や「中途半端」がいいと言うのではなく、むしろ本来の〈自由・平等・博愛〉が、いずれも近代市民社会を成り立たせる不可欠な価値であることを想起せよと言っているのである。

「中途半端」な僧侶たち

ただ、論理的に「筋が通る」ことを重んじる学術書において、従来、ここで言ったような意味で〝ほどほど〟とか「中途半端」とかの意義を積極的に説いたものはあるまい。その限りで、とりあえず『自殺論』の助けを借りたのだという程度に理解してほしい。だから、急ぎ『自殺論』を離れて、本章のメインライン、遊びと演技の観点から言える「中途半端」の意義のほうに話を移そう。恐縮ながら、またも日本仏教の伝統に沿って例示したい。というのも、世界に類を見ない、「中途半端」の、いわば極め付きのような形の僧侶を輩出してきたのが実は日本の仏教伝統だったからである。

典型的には「肉食妻帯」を公然とやってのけた浄土真宗の僧侶——ただし、日本以外の仏教圏では、それを僧侶とは看做さないだろう——であるが、一見、出家者のスタイルをとった僧侶においても、前に「数寄」の心映えに触れて述べたように、在家者ないし俗人にも通じる〝風流〟の心を保持している人が多いのである。〈聖・俗・遊〉の三次元モデルにのせれば、おそらく「聖俗具有」などと言われる点だろうが、日本仏教は「聖」より「遊」の方向で、「俗」からの解放をはかってきたのだという筆者の見地からは、この「聖俗具有」という言い方には大いに不満がある。

「聖俗」だけではなく、「具有」という言い方も気に入らない理由は、仮に「遊」と「俗」との共存を認めるとしても、その共存のあり方は、相互否定的媒介の形をとっているからである。そのあたりの事情は、親鸞が「非僧非俗」と言い、良寛もまた「俗にも非《あら》ず、沙門《しゃもん》にも非ず」と表現しているところから推察していただくしかないのだが、要は「恥の意識」

――と言うより正しくは羞恥する心だろう――が働いていて、その限りにおいて「遊・俗」の共存が可能になっていたという意味である。どちらにも徹し切れない「中途半端」の自覚がそうさせていたことは言うまでもない。

浄土真宗の「信心」に即して、このあたりの機微に触れた議論は、既に各所で繰り返してきたことなので、ここでは最後に、再び良寛が詠んだ二首を借りて、あとは読者の判断に待つことにしよう。

なにゆえに　家を出《い》でしと　折ふしは
　こころに愧《は》じよ　墨《すみ》ぞめの袖

身をすてて　世を救う人も　ますものを
　草のいほりに　ひまもとむとは

おわりに

どちらにも徹することのできない「中途半端」を慚愧《ざんぎ》する心。それが「僧に非ず、俗に非ず」式の否定表現を生んでいるのだと説明した。親鸞においては、この否定型が逆説の形で反転し、なんと、慚愧《ざんぎ》する心こそが、「如来悲願」の「正機」（↓目当て）なのだと高唱する。だから、親鸞の教説には凄味すら感じられるのであって、〝ダンディズム〟のような生易しい呼び方では、とてもではないが、その内実を捉えることはできない。

したがって、同じ「中途半端」を愧じる心としても、ダンディズムに結び付くのは、より密やかな羞恥心のようなものに限られよう。はじめのほうで、ダンディズムは〝かっこ良さ〟への憧憬だと言った。いまの場合、その際に言った〝かっこ良さ〟とは「中途半端」の反対、つまりは徹し切る潔《いさぎよ》さのことだと考えていい。故に、憧憬されるのは、西行法師においては釈尊であり、良寛の場合は道元禅師ということになる。だが、自身を振り返れば、そういった潔さとは裏腹な、一種の未練がましさが潜んでいる。それを「俗」世間への〝ひと恋しさ〟と呼んでもよかろう。目立つところで言えば、西行に、待賢門院璋子《たいけんもんいんたまこ》への慕情があり、良寛には、若き貞心尼への愛情があった。もう一度、前に挙げた二首を引いて、そのあたりの機微に触れてもらおう。これぞ筆者の言う「退き際のダンディズム」の、実にみごとな表現になっていると思うからである。

願はくは　花の下にて　春死なむ
その二月《きさらぎ》の　望月のころ　（西行）

うらを見せ　おもてを見せて
散るもみじ　（良寛）

エッセー1

人生の教訓

石飛幸三

人生の教訓は昔から山ほどあります。あと数年で八十を迎える歳になりますと、若い時からわかっていれば自分の人生はもっとまともなものであったろうと思う反面、人生なんてそんな杓子定規なものではない、一寸先は闇、すべては「塞翁が馬」、結局は結果論でしかないとも思います。しかし、それを言ってはおしまいなので、強いて私がどんなことを体験して、どう対応して今になったかをご披露して、何かのご参考になればと思う次第です。

私は呉服屋の末子で、偶々医者になって、身の程知らずに治せる医者を目指して血管外科医になり、動脈硬化の高齢者に「なに、医療を受けない、命を粗末にするんじゃない」と偉そうに煽って来て、自分も歳を取って来ると他人事ではなくなって、老衰にどこまで医療が介入すべきか疑問に思えて『「平穏死」のすすめ』（講談社文庫、二〇一三年）を書いたら、多くの人が実は内心同じように思っていたので予想以上の反響を呼んだと言う次第です。

じゃーなんで自分がこんなことを言いだしたのか。なぜ他の人が言わなかったのか。実はもう大分以前からいろんな人が同じ趣旨の発言をしていました。

十年前に社会学者がこのことを言ったら、医者から治療法があるのにしないことは見殺しになると叩かれて話は頓挫してしまった。私が言うよりもずっと正確に発言していたのにでした。

じゃどうして今回私が言ったことがこんなに反響を呼んだのか。それは時代の機が熟して来たから、要はタイミングの問題だとか、あるいは医者の私が言ったからとか、それもおおよそそんなことは言うはずのない外科の医者が言ったからだとも言われます。

私は思います。元は呉服屋の息子、医者の息子でない者が医者になって、医療を少々斜めに見ていたからか。

それもあったかもしれませんが、それだけでは『「平穏死」のすすめ』は生まれなかったと思います。もう少しことの成り行きを説明する必要があると思います。

実は、うちのかみさんは訪問看護師二十年を超えるその道のベテラン。自分がそこの管理者の一人である事業団の特別養護老人ホーム（以下「特養」と略す）芦花《ろか》ホームで、常勤の医師が病気で欠員のまま、誰も代りの医師が見つからなくて困っているとの話を私に持ち込んだ。特養は入所者が老衰の終焉を迎えられるところ。そこへ行けば医療の限界が見られるかもしれない、そう考えた私はもう躊躇しなかった。決めたら猪突猛進、なにしろ私は亥の年の生まれです。話を持ってきたかみさんが、自分の立場がややこしくなるからそこへ行くのはやめてくれと反対するのも聞く耳持たず。

行ってみてよかったですね。行かなければわからなかった。行かなければならなかったのです。

そこで見たものは、それまで医者として人生途上で病気というピンチを患者と一緒に闘って乗り越えて来た私には、その患者と同年輩の人々が、歳を重ねてもう自分のことも誰のこともわからなくなって、方法があるからと胃に穴を開けられて、一日三回機械的に水分栄養を入れられて、ものも言えず、自ら身動きもできず、寝たきりで生物学的な命のみを延長されている姿を見て、これが人間として生きていることになるのか、そこには言葉には表せない違和感を覚えるとともに、命を延ばさなければならない、方法があるのならしなければならない、それはあまりにも理不尽なことに思えたのでした。

思っても動かなければそれまでです。

次々展開する人生模様、その流れの中で何を感じ、どう生きるか、それが人生でしょう。

考えてみれば私にはこれまでに人生の大きな分かれ道がいくつもありました。最初の結婚、可愛い子供、自分の分身ができて、一方では深まる夫婦の溝。世間体か自分の人生か、心に十字架を覚悟の上での離婚。それからは自分の気持ちに正直に動くより自分の道はなかったのです。

そしてまたもや荒波。日本一の病院を目指して三十三年間勤めた急性期病院での定年を間近にして、そこで起きた理事の定款違反、内部告発、勤めた調査委員長としての役割、片や隠蔽工作による問題のすり替え、理不尽な解雇、十年に及ぶ巨大な組織相手の裁判と無惨な結末、唯一残された私の支えは、やはり医者であることでしかありませんでした。

呉服屋のボンボンはいつの間にか老いぼれて、もう世の中に怖いものは無くなりました。おかしいことはおかしいと言うのが当たり前になって来ました。

そうなると次々に人生模様を紡いでいけました。

もう一つ大事な医者の役目があることがわかりました。

芦花《ろか》ホームではなぜこんなに胃ろうが付けられるのか。もう生物学的限界が来ているのに無理に食べさせようとして起す誤嚥性肺炎、そうして送られた病院では、方法があるのにしないことは不作為の殺人で訴えられるかもしれないと枯れ尾花に怯えて胃ろうを作る責任回避、それに気づいた以上はもう黙っているわけにいきません。

世の中はよくしたものです。捨てる神があれば拾う神がある。三宅島の噴火後、避難先で認知症のお母さんに胃ろうをすすめられて、もっと自然な生物体の最期があることを教えてくれた三宅島の息子さんと、もう一人は、自分のことも誰のこともわからなくなった認知症の奥さんに、「かつて恩のある女房に、胃ろうをつけてただ生かしたら、恩を仇で返すことになるから俺はしない」と胃ろうを拒否したご主人、これらの御家族が自然死、平穏死のヒントを与えてくださったのでした。

食べさせないから死ぬのではない、死ぬのだから食べないのだと気がついて、肺炎製造工程が改善され、胃ろうをつけないで病院から帰って来る家族が増え、それに気づいた施設長が「このホームで行われだした自然な看取りは今の日本に普遍化されるべきですよ」と言ってくれた。その言葉がなかったら私はあの本を書くこともなかったはずでした。

人生なんて一寸先は闇です。いつ何が起るか分りません。その事態をどう受け止めて、どうつないでいくか、それが人生です。もし生きる意味、そこに喜びがあるとすれば、それは次々押し寄せる人生の荒波をどう乗り越えて行くかにあるのではないでしょうか。

楽しいこと、希望に燃えて善かれと思ってした結婚、しかしいつどうなるか分らないのも人生です。人生なんかどうなるか分らないから生きて行けるのかもしれません。運もありましょう。それを好運と思うか、不運と思うか、我われにできることはそれを精一杯受け止めて、何れ誰にも来る終焉を素直に受け入れることではないでしょうか。

（二〇一二年八月二四日　記）

どうして、
こんなことに
なったんだろう……
どっちについて
いこうかニャ～？

第2章

男の自殺とクジャクの羽

阪本俊生

男女関係と自殺——自殺の隠れた要因?

女を殺したあとで自殺しようとする男の話がときおりニュースになる。これ自体はまれなケースかもしれないが、自殺が語られるとき、しばしば見落とされるのは、男にとっての女の意味の大きさではないだろうか。

たとえば、男が女にモテるかそうでないかの重要性は、あまりに当たり前だからか、近年までまじめに語られることは少なかった。だが、秋葉原の無差別殺傷事件や、女を殺した後に容疑者が飛び降り自殺した江東区の殺人事件の背景にも、自分が女にモテないというコンプレックスがあったのではないかと三浦展はいう。「学校のレベル、勉強の好き嫌い、階層意識よりも、モテることや容姿に自信があることのほうが将来への希望に結びついていたという事実である」[1]。そして、「モテないということは、経済状態が悪いことと同じくらい階層意識を規定するのであり、その意味で容姿やモテは「格差」問題[2]」なのだという。

モテとは別に、男にとって女との関係を続けられることも重要である。自暴自棄になって大阪のカラオケボックスで放火殺人を犯した男の背景にも、妻との離別があったのではないかといわれている。(元)妻や恋人のストーカーになったり、さらに殺害までしたりして、挙げ句の果てに自殺するといった男の事件も後を絶たない。男にとっての女の意味や重要性は、自殺を考えるうえでも一つの論点となりうる。

古今東西、和歌や詩、小説にいたるまで、文学作品の多くは恋愛や男女関係をテーマとしており、流行歌の歌詞の多くもそうである。S・フロイトは人間の精神にとって、性がもつ意味の大きさを強調した。性が人間の生きる意味と結びつけられるとき、その意味は宗教と接近する。しばしば神社やお寺において、性的シンボルが信仰と結びつく。ところが、自殺が分析される際に、男女のかかわりそれ自体が考察されることはきわめて少ない。

もちろん、結婚や離婚は取りあげられるが、それも家族との関係で語られるだけだ。失恋の自殺が想起されるが、自殺の社会学ではマイナーな話だし、自殺と男女の問題は、失恋に限られるものでもない。ただ学生時代に、デュルケムの『自殺論』に関する講義で語られた、あるエピソードは、なぜか心に引っかかった。

いつも「大学が面白くない」といって沈みがちな学生がいた。心配して事情をたずねると、自分が見下していた、高校のときの同級生が同じ大学に来ていたのだという。しばらくして、この学生が明るい顔でやってきて、「先生、大学は楽しいです」と言う。その先生が「いったいどうしたんや?」って聞くと、「彼女ができたんです」と答えた。その先生は「案外、こんなもんよ」、といって私たち学生を笑わせた。

つまり、たいていの男は単純、彼女ができると、メランコリーもなんのその、死にたい気分も一変するというわけだ。自殺という重苦しいテーマの講義の最中だっただけに、明るくするための絶妙な軽い冗談とも受け取れるが、おそらくそれだけではないと思えた。

東野圭吾原作（文春文庫）の映画『容疑者Xの献身』では、主人公の男が、自宅アパートの一室で首を吊ろうとしたとき、たまたま、美人女性と娘の親子が引っ越しの挨拶にやってくる。そして、主人公はそれがきっかけで自殺を思いとどまる。その後、彼はこの母娘の犯した殺人事件の隠蔽やアリバイ工作を助け、そのあげくに自ら罪をかぶろうとする。まるで彼女たちの救済に生の意味を見出したかのように。もちろん、これは映画の話だが、それでも、ここには男の心の闇が映し出されている。すなわち女との関係で生きもすれば、死にもする男の性である。

恋をする以前に、恋ができない状況にあるというのは、ある意味で失恋以上に苦しいといえるかもしれない。「やはらかに積れる雪に熱てる頬を埋むるごとき恋してみたし」（石川啄木）は、そのような思いの歌であろうか。「現代では処女であることに不安を覚える女子高生すら存在するのだろうが、それ以上に、童貞である男の不安と焦燥の方が強い(3)」と小谷野敦はいう。逆に、恋愛の状況にあることが、いかに生きる意欲をもたせ、希望を与えるか。だが自殺の分析では、このようなことはしばしば忘れ去られがちだ。自殺分析は、まるで男がインポテンツであるかのようなものばかりである。そんななか、あの先生（大村英昭）の『自殺論』の講義の着眼は、いまも新鮮だ。このことを、一度、大まじめに、男女の関係のあり方、とりわけ男にとっての女の存在の意味と自殺との結びつきについて考えてみたい。

もとより男女関係の問題は、恋愛だけの話ではない。すでにふれたように、妻やつきあっている女から去られるのは、男にとって大きなダメージだ。離婚は一般に男の自殺を促進する一方、女の方は離婚が増えると自殺は減る。これは一世紀以上前のデュルケムの研究でも示されているが、いまでもあてはまるようだ。離婚に制約がある国では、女性の自殺は多くなる。離婚しやすい国では女性の自殺は減る。デュルケムは、離婚を禁止すれば男の自殺は減るであろうが、そのようなことはできない、とまでいっている。

たとえば、新潟県の調査では、妻と離別や死別をした男性の自殺率はとても高いが、夫と離別や死別をした妻の自殺率は高くはない。妻と死別した男は、離別した男よりもはるかに多く、自宅を自殺の場所として選んでいる[4]。これは先だった妻を意識してのこととも考えられる。

日本における、一九九八年からの自殺の急増は、いわゆるバブル経済崩壊後の景気低迷や失業率の高まりといった経済的要因が大きいとする見方がある。ところがその一方で、自殺が増えたのはおもに男性である。たしかに女性も増えているし、世界的にも日本の女性の自殺率は高いことのはたしかだが、変化の幅としては男性よりはるかに小さい（図2

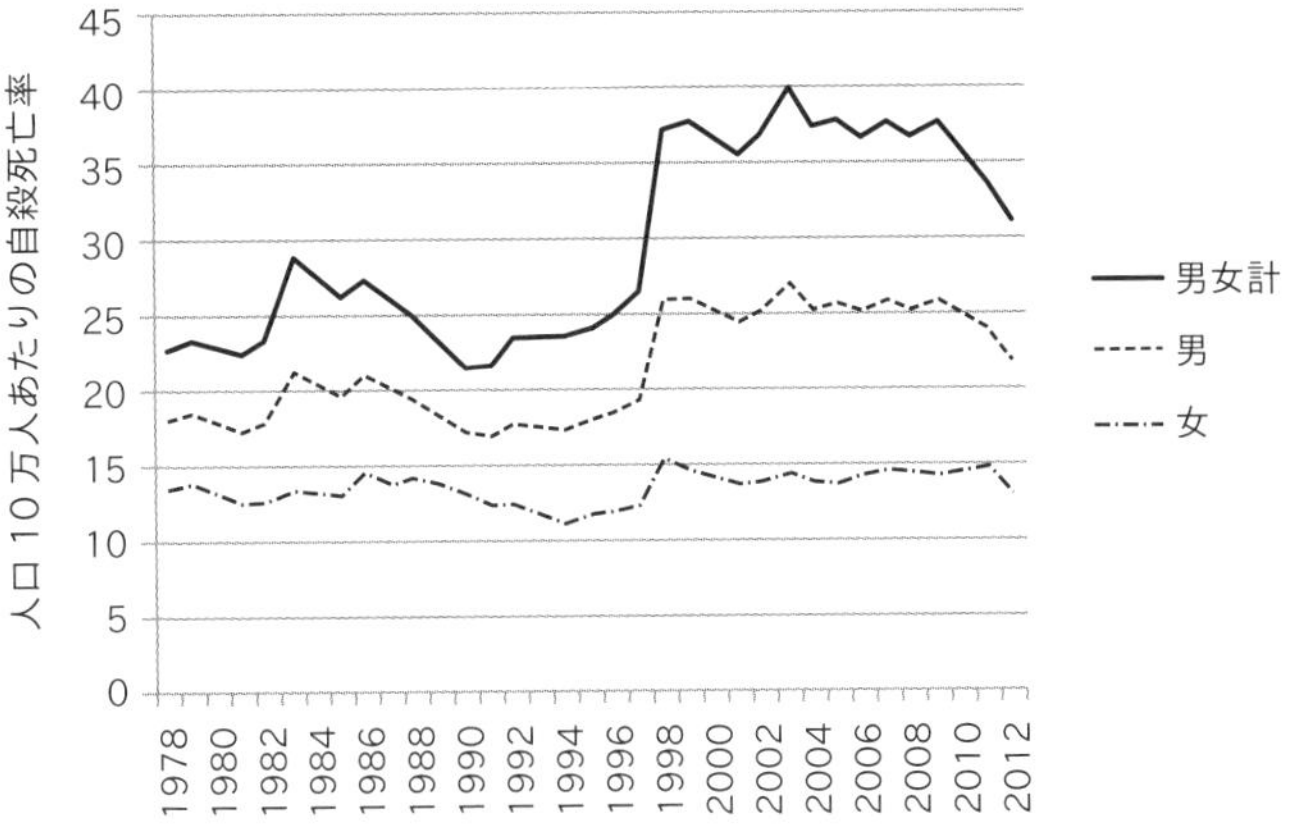

図2-1　日本における自殺率の男女差の年次推移
（警察庁生活安全局地域課『自殺対策白書』（平成25年）より）

-1）。

近代社会においては、一般に女性よりも男性の自殺が多い。だが自殺数ではなく、その増え方にこれほど大きな差があるというのは、単に経済だけでなく、社会の問題が含まれると考えられる。そもそも経済的貧困や生活苦は男女の別なくやってくるものだ。だから、ある時点で男女の変化に大きな違いが生じるのは、単に経済だけでなく、それに加えて何らかの社会的要因が影響しているに違いない。

自殺の増減は経済によるのではなく、社会変化による
――フランスにおける自殺傾向の異変

経済的苦境は、必ずしも自殺を増加させるとは限らない。デュルケムの『自殺論』は、いまから一世紀以上前に書かれた有名な古典だが、それによれば、一九世紀のフランスでは裕福な地域や階層の人々に自殺が多く、むしろ貧しい人々の方が自殺は少ない。ここからデュルケムは、貧困には自殺を抑止する力があるとしている。

だが、現代のフランスの社会学者クリスチャン・ボードロとロジェ・エスタブレは、デュルケムのいう貧困の抑止は、すでに二〇世紀以降のフランスおよび先進国にはあてはまらなくなっているという。一九世紀のヨーロッパでは、自殺は経済成長と同時進行して右肩上がりに上昇していた。ところが、この増加は皮肉なことにデュルケムの『自殺論』が出版された頃（一八九七年）から下降に転じている。一九世紀末まで上昇し続けていた自殺率は、この期をさかいに流れが変わる。とくに何らかの特別な対策が立てられたわけではないであろうが、自然と下がっていったのである[5]。

その後、二〇世紀のフランスでは自殺は増えなくなった。とくに第二次世界大戦後、一九七〇年代半ばまで「栄光の三〇年」と呼ばれる約三〇年間、フランスはいわゆる高度経済成長をとげる一方、自殺は横ばい状態となる。そして、この時代ではいずれの先進国も、経済発展が顕著な地域の方がそうでない地域よりも、そして裕福な地域や人びとの方がそうではない地域や人びとよりも自殺が少なくなった。これはデュルケムがみた一九世紀とは逆である。デュルケムの指摘した「貧困の抑止」は、二〇世紀以降、もはやあてはまらなくなったのである。

では、自殺はやはり経済によって左右されるのか。だが一九世紀の自殺統計がデュルケムの研究した通りであったとすればそれはおかしい。むしろこのことは、自殺の増減が経済的変化によるのではなく、社会の変化によるものであることを示している。つまり一九世紀と二〇世紀後半で、経済と自殺の関係が反転したのは、それらの基盤となる社会が変わったからなのである。

たとえ経済的に豊かになったとしても、社会が豊かさを自殺抑止につなげる仕組みになっていなければ、（一九世紀のヨーロッパがそうであったように）かえって自殺が増えてしまう。だが逆に、豊かさを自殺抑止へと結びつける社会の仕組みができていれば、経済がよくなることで自殺が減る。つまり二〇世紀後半において、経済的な豊かさが、人々が自殺へと向かうことを押しとどめるような社会の仕組みが形成されたため、経済発展が自殺の抑止の役割をはたすようになったということである。

経済の低迷は自殺を増やしたか？——栄光の三〇年のあとの時代

では、栄光の三〇年以降の時代はどうだろうか。フランスの経済学者トマ・ピケティによれば、一九八〇年以降、すなわち栄光の三〇年の終焉のあと今日にいたるまでの時代のフランスは、経済的に「惨めな時代」であったという。彼は「一九七〇年代末からかくも低い成長率という呪いをかけたのがどんな悪霊なのやら、人々はいまだに理解しかねている」という(6)。実際、この時代、先進国の多くでは、以前にもましてグローバル化が急速に進行するなか、失業率は高まり、仕事も不安定になり、経済格差も拡大していった。

ボードロたちが栄光の三〇年にみた社会、すなわち豊かさが自殺を減らし、貧しさが自殺を促進するような社会の枠組みが持続していたならば、この時代、おそらく自殺は、そ

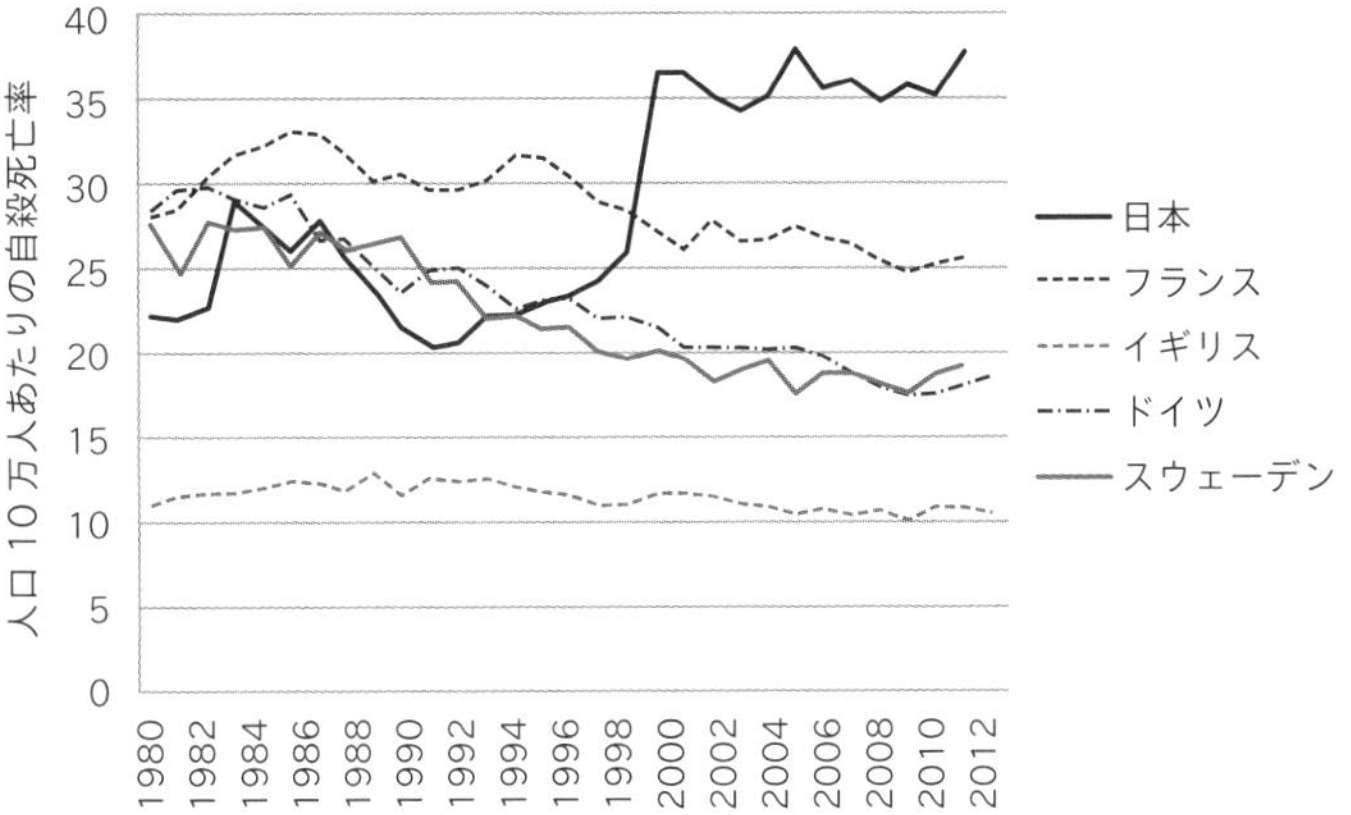

図2-2　自殺率の年次推移
（1980年以降の自殺率の推移の国際比較（WHOより））

れ以前よりもはるかに増えることになるはずだ。そして、たしかに経済の転換期となった一九八〇年前後、一時的な高まりが見られる。

だが意外なことに、この一時的高まり以降、フランスにおける男性の自殺率はむしろ低下傾向にあり、やがて栄光の三〇年の頃よりもさらに低くなった。すなわち、この時代、もはや自殺率を抑えているのは、経済の好調さとはいえないし、逆に不調になったからといって自殺増加に結びつくわけでもない。同じことは、他のヨーロッパ先進国にもいえる。これらはいずれも一九八〇年以降、男性の自殺が低下してきているのである。（図２－２）

つまり、一九八〇年頃を境に、経済と自殺との関係は再び変化したのである。今度は、経済状況が悪化したとしても、それによって男性の自殺が増えることはない。このことからわかるのは、かつて一九世紀から二〇世紀初頭にかけておこったのと同じく、一九八〇年前後にも、何らかのかたちの、大きな社会の枠組みの変化が生じたという可能性である。そして、この変化によって、ヨーロッパ先進国における男性の自殺率と経済との関係に再び転換が生じ、そのため男性の自殺率は低下していったということである。

実際、何人もの有力な社会学者がこの時期、大きな社会転換が生じたことを指摘しているが、[7]ここでの問題は、経済の不調にもかかわらず男性の自殺を抑止してきたのは、いかなる社会変化であったのか、ということである。だが、それをみる前に、日本の状況も見ておこう。

一九八〇年以降の日本の状況

日本もまた、一九七〇年代には高度経済成長の時代が終わり、その後は経済低成長の時代にはいった。そして一九八三年から八七年にかけての約五年間は、欧米先進諸国と同様、男性の自殺率が高まった。ただし、その後の流れは、他の先進国とは異なる。日本にいわゆるバブル景気がおとずれ、他の国々の景気が低迷するなか、当時は日本の一人勝ちと言われた。そのようななか日本の男性の自殺増加は終息する。

このときの日本の男性自殺の減少は、経済の力によるところが大きいといえるだろう。ただし、経済状況の好転による自殺の減少というのは、栄光の三〇年の時代の社会のあり方の再現である。つまり、このとき日本社会は何も変わらなかった。あるいは経済の好調さのため、あえて変わらなくても済ませられたのである。

ところが同じ頃、他の先進国は日本とは異なる道をたどっていた。これらの国々では経済状況が改善されないなか、それでも男性の自殺は減っている。すなわち、この時代の男性の自殺と経済の関係は、もはやそれ以前の時代のそれとは同じではない。すでにふれたように、ここで経済状況と男性自殺との関係を転換させる何らかの社会変化が起こっていたのである。おそらくそれは、日本ではおこらなかった変化であろう。この時代に、欧米先進国では、この社会変化によって、男性の自殺と経済との関係が転換したが、おそらく日本ではそれがおこらなかったということである。

では、それはいかなる社会変化なのか。アメリカの社会学者、スティーヴン・スタックやマッコール・J・バーたち一九六〇年代から八〇年代にかけての女性の社会進出と男性の自殺に着目している。この時代に大きく変化したのは、女性の社会的・経済的地位であり、それは同時に男性と女性の関係性の変化をもたらした可能性が大きい。その研究によれば、女性の社会進出が進み出した当初は、男性の自殺率を押し上げたようだが、それも一時的であり、男性の自殺への促進的効果は見られなくなるという。

栄光の三〇年では、いずれの先進国も基本的には性別役割分業の社会であった。男性が仕事をして経済を担い、女性は男性に経済的に依存するという、経済生活のスタイルが一般的であった。だが、一九八〇年以降は女性の社会参加が促進され、男女共同参画型の社会へと切り替わっていく。だが、よく指摘されるように、日本ではこの変化は欧米に比べて緩慢であった。そして問題は、これがどのように男性の自殺とかかわっていたかである。

ボードロたちは、栄光の三〇年における自殺の抑止は、この時代の経済成長が人びとの仕事や消費に影響をあたえたからだといっている。自分の仕事や消費に意味や生きがいを見出して生きる新しいタイプの個人主義が、この時代に定着した。そのため、デュルケムが自殺をもたらす要因の一つとした個人主義は、自殺を引き起こさないような新たなタイプの個人主義（創造的個人主義と彼らは呼ぶ）に変換された。ただし、後者の個人主義は、経済的豊かさや満足のいく仕事を背景に自殺を抑止する。したがって、この説明では一九八〇年代以降、なぜ自殺が減っていったのかの理由がはっきりしない。

ボードロたちの議論は、個人主義の変化に着目したことから、人びとの関係性の視点があまり深くないように思える。ここでは彼らが着目した仕事と消費のうちの消費について、関係性の視点から考え、それによって一九八〇年以降、なぜ欧米と日本に違いが生まれたかを考察してみることにする。

消費とオスのクジャクの羽

従来、消費は男女のかかわり方と密接に関係してきた。ドイツの経済学者ヴェルナー・ゾンバルトは、近代初期のヨーロッパの王侯・貴族の男たちが、女性との恋愛のために莫大な浪費をし、それが後の近代資本主義発展の契機となった、という。近代資本主義との関連はわからないが、少なくともこの話は、男による女への関係の意欲がいかに大きく、またいかにそれが消費に結びつくかを物語っている。

社会進化論のジェフリー・ミラーは、人間の男の贅沢消費は、動物のオスによるメス獲得競争に由来する、という。たとえば、クジャクの美しい尾羽をもつのはオスだけだし、ヘラジカの立派な角もオスだけである。これらはメスへの誇示が目的で、そのためオスだけが進化の過程で発達させてきたものだ。つまり、これらは、オスが自分の実力を、メスやオスの競争相手に見せつけるための手段であり、それによってメスを確保し、子孫を残そうとする。いわゆる性淘汰である。そして、人間の消費は、実はこのような性淘汰の人間バージョンだとミラーはいう。

動物たちの性淘汰のための身体の変化や、それに費やす努力とエネルギーは、生存という点からは役にたたないか、マイナスであることすら多い。クジャクの尾羽は立派で美しいが、敵からは見つけられやすく、逃げるときに邪魔にもなる。ヘラジカの大きな角も、森の中で動きにくく、木に引っかかって死ぬことすらある。それらの発達は、実は生存にとって何もいいことがないのだ。これは人間の男が女に「給料の何倍もの婚約指輪を買う」のと同じだ、とミラーはいう。

では、このような無駄は何のためなのか。メスを惹きつけるのに、「合理的なコスト感覚はまったくそぐわない」とミラーはいう。むしろ逆である。無駄遣いだからこそ、メスの魅了にプラスとなる。はたしてオスはどれほどの無駄遣いに耐えられるか。無駄遣いの大きさは、まさにオスの生存力の強さ、環境への適応力の大きさの指標となる。「求愛には派手な無駄遣いが必要不可欠」だとミラーはいう。このように、メスがオスを選ぶときの指標を適応度指標とミラーは呼ぶ。

もちろん、人間にとっての適応度指標は贅沢品を買うことだけとは限らない。さらに多様であり、あらゆる余力の表現、余剰の表出とかかわる。たとえば、鳥の場合の羽根の美しさ、求愛ダンスの上手さ、巣作りの巧みさ、シカの角の大きさ、力の強さなどと同様、人間の場合も、スポーツや遊びのうまさ、コミュニケーション力や冗談の上手さ、戦いや戦争、教養、寛容さ、心のゆとり、歌や楽器、特技や技術などが、女を惹きつける。ミラーはつぎのようにいう。

人間の男性は、博士号を取ったり、本を書いたり、スポーツをしたり、他の男とけんかしたり、絵を描いたり、ジャズを奏でたり、教団をつくったりすることに大量の時間とエネルギーを無駄遣いしている。これらの活動は、意識的な性の戦略ではないだろうが、その底に流れている、「達成」や「社会的地位」に対する動機付けは、物質的資源よりもそれらのほうを好むことを含め、おそらく、性淘汰で形成されてきたのだろう。

（Miller：2000）

はじめに述べたように、女性は男性にとって大きな存在である。女性は男性を生かすこともあれば、破滅させることもある。これは誰もが知っているが、しばしば社会科学においては軽視されがちであるように思える。そもそも人間は、死にたいから、あるいは死なざるをえないから死ぬだけではない。単に生かされないから死ぬことだってありうる。別に生きねばならないわけではなくなると、その次は死ぬことが視野に入ってくる。生へと引っぱられなくなると、今度は死へと引っぱられていく。人間とはそのような存在ではないだろうか。社会学者の大村英昭は、自殺へと押し出

されるプッシュ要因ばかりではなく、自殺へと引き込まれるプル要因を考慮に入れねばならないという。

かりに女性が男性を生へと引っぱる存在であとすれば、女性を失うとき、男性は死へと引っぱられていく。先に新潟県における妻と死別（あるいは別離）した男性の自殺率の高さに触れたが、全国的に見ても夫婦間の不和による自殺者数は、四〇代で男性が女性の三倍以上である。男女関係の自由度が高まり、離婚もしやすくなった（一九七〇年代後半以降）の男性にとっては、適応度指標という課題は、はじめの求愛だけでなく、むしろ自分を生へとつなぎ止める女性との関係存続のため、一生涯続くものなのではないか。

「クジャクの羽」の記号性と文化性との関連
――一九八〇年以降の社会変化について

オスのクジャクの立派な尾羽が、エサのとりやすさと無関係（むしろ邪魔）であるのと同様、人間の男性の適応度指標が経済力だという意味は、生活に困らないとか、豊かだといった実質的で物質的な経済の中身の問題ではない(8)。要するに、適応度指標とは見え方や表層、あるいは記号的差異と、その競い合いの話であって、物質的豊かさとは直接はかかわらない。それは単なる、男性の記号（あるいは広告塔）にすぎない。

ただし人間の適応度指標は、他の動物のそれとは異なり、生物的でも本能的でもなく、まったく文化的で社会的であり、そのときどきの文化や社会によって決まる。社会や文化が変われば、当然、適応度指標も変わることになる。したがって、たとえある社会の枠組みのなかでは、経済力が適応度指標になっていたとしても、社会が変われば当然それも変わる。要するに、経済的には貧しくても適応度指標は高い、ということは十分におこりうるのだ（貧しくてもいいとかいいたいのではない。経済の実質は間接的にしかかかわらないという話である）。たとえば、前近代の身分社会のもとでは、適応度指標は経済力ではなく、それぞれの身分のなかで固有の基準があったであろう。あるいは、平安時代の貴族社会なら、和歌がうまいことが、適応度指標として重要であったといえるかもしれない。

ここからは、一九八〇年以降の社会変化についての一つの見方が生まれる。経済状況と男性の自殺との関係を変えた社会変化は、男性の適応度指標の変化をともなっていたのではないか、ということである。女性の経済力が十分でないような社会では、当然、女性は経済力を男性に頼らざるをえない。だとすれば、男性の経済力は適応度指標として重要とならざるをえない。しかし、女性が経済力を持つようになれば、男性の経済力の相対的な重要度は低下する、ということは十分に考えられる。

ところが日本では、経済力という適応度指標を男性に求めなくてもよいほどには、女性の経済力のエンパワーメントが進まなかった。これは女性の就業率だけの問題ではない。欧米に比べて、賃金や職階において、大きな男女間の格差がある。結婚や出産による離職率が高いために、就業率は高くなっても非正規雇用やパートなどが多く収入も少なく不安定であることも多い。企業の管理職や取締役の数、議員や政治家の数もいまだに女性の方がはるかに少ない。

つまり、一九九八年以降の男性の自殺の急増は、女性の経済力が高まらないなかで、経済的停滞に突入しておこった。一方、一九八〇年代から、女性の就業が進むだけでなく、社会的地位や経済力も高めてきた欧米諸国では、経済が低迷し、失業率が高まるなかでも男性の自殺は減り、女性の自殺も減っている。だがこれをトータルの家計収入とか、どちらが暮らしやすかったかといった観点にたつと、経済の中身でものごとを考えるやり方に戻ってしまう。

ここで見たいのは、経済の中身の違いではなく、経済力をどの程度、男性の適応度指標として重視するか（あるいは、そうせざるをえないか）、ということである。経済力を男性の適応度指標とするという、いわば自らの経済力を誇示して女性をしたがわせようとする、栄光の三十年時代の男性サラリーマン社会の、旧態依然とした枠組みから脱却しなかった社会と、そのような社会枠組みからの転換を早々とはかった社会との違いが、一九八〇年代以降の日本と欧米の自殺率の流れの違いをもたらしたのではないかということである。

日本における適応度指標としての経済力について

日本の男性自殺率について、一九九八年以前と以後を比較すると、既婚男性の自殺率の伸びが大きい。日本の既婚男性は、とくに家族への経済的責任を背負い込み、それが果たせなくなると強い罪悪感を抱くことが多い。また実際、それが離婚の原因になることもある。逆に、女性が経済的責任を責められることは少ない。男性の失業で女性のパート労働の就業率が上がると、男性の自殺率は上昇するともいわれる。また世帯の負債すなわち借金が増えると、女性の自殺は増えないが男性の自殺は増える。これらのことは、男性が家計維持の「役割が果たせなくなると自殺率が上がる可能性を示唆している」[9]。

日本の自殺者数三万人超えとなる直前の一九九〇年代半ば、男性サラリーマンの「帰宅拒否症候群」が話題になった[10]。バブル景気後の景気減速のなか、いわゆるリストラや成果主義の導入、OA化など、中高年の男性サラリーマン受難の時代、同時に彼らは「家庭に居場所がない」「妻が子どもといっしょになってバカにする」「家族から無視されているように感じる」といった受難もでてきて、家庭からも疎外されるようになっていった。その一方で、過労死男性の「圧倒的多数が、妻が専業主婦」であったともいう。この頃にすでに増えつつあった男性の自殺に関連して、伊藤は、「男性が、メンツという男らしさの鎧によって、自分で自分の首を絞めているケースも結構ある」と指摘している[11]。

多賀太は「男性たちが扶養責任から逃れられないのは、男性自身がもつ従来の「男らしさ」へのこだわりと同時に、実際に多くの女性たちがそれを期待しているからである」という[12]。多賀は、「従来の男性たちが「会社人間」になっていく構造は、会社や夫だけでなく「生活水準の維持のために、夫が昇進し職業的成功をおさめることを願う」妻によっても支えられてきた」。そして、このようなプレッシャーが男性の自殺にかかわっているとみている。[13]

日本は他国よりも男性の経済力を重視する傾向が強いといわれる。国際比較の調査でも、日本と韓国は男性に経済力を求める傾向が欧米の他の国々よりも強いという結果がでている。内閣府が二〇一〇年におこなった「少子化社会に関する国際意識調査」の報告書（二〇一一年）は、未婚化の要因として、若者の収入の伸び悩みとともに、「男性側に生計を維持する収入を求める意識による結婚市場のミスマッチ」をあげている（内閣府二〇一一、八二）。また、日本の「女性は、一般的に、結婚相手に対して自分よりも高学歴、高収入、高い社会的地位を求めがちである」といわれ[14]。配偶者選びのアンケートでも、男性の収入を気にする女性の方が、女性の収入を気にする男性よりもはるかに多い。だが、もちろん、女性の側だけの意識の問題でもない。

一九九八年からしばらくのあいだ、自殺急増の当初は五〇から六〇代の中高年男性の増加が目立っていたが、その後、自殺増加の年齢が二〇代から三〇代へと移る自殺の若年化現象がみられる[15]。そこで、つぎに未婚の若い世代における男女のすれ違いを考えていくことにする。これに関する好事例を、三浦展は『非モテ——男性受難の時代』（文藝春秋、二〇〇九年）で紹介している。以下、何人かの働く女性が語る事例に、こちらで勝手な番号をふってみてみたい。

①「できれば恋人には自分が追いつけないくらい、自分の年収の二倍は稼いで欲しいですね。社会人にもなって、デートに誘われる場所が「和民」じゃ引きます」

②「やはり男性は仕事ができるのが絶対条件。今は学歴社会でもないから、実力があればそれでいい。でも、たいてい学歴に比例するので、そこは重視してみますね」

③「洗濯も掃除も完璧にしてもらって、主夫になってくれるような人がいいです。でも、男の人って、変なプライドがあるから嫌ですよね。もうそんな時代じゃないと思うんですけど」

④「彼の誕生日、ホテルでディナーを食べている時に結婚を匂わせたら、ちょっとムッとして「それは、オレが君を食べさせられるようになってからだ」って言われたんです。私自身は、旦那が自分より年収が低いなんて気にしないのに……。結局、彼は同じ会社の同年代の子に心変わりして、私との関係は自然消滅していきました。そんな経験があるから、やっぱ私より稼いでいる人がいいですね。男を立てる気なんてないですけど、変な気をつかわせるのも嫌なんで。男の自意識のために仕事をやめる気なんてまったく

ないし」

（以上、筆者により一部省略）（三浦二〇〇九、一〇三―一〇五）

これらは、たしかにありがちな話である。①と②は、男性の経済力を直接、適応度指標としてみている。③では、男性の側が自らの経済力を適応度指標としてみており、④は、そのために関係が壊れたという話である。男性に経済力を求めるか、あるいは男性が自らの経済力を意識するか、そして経済力を意識している男性に嫌気がさしている女性であり、これらの男女の行き違いである。

佐藤留美は、いまの若い世代（ロスジェネ世代）は「女はカネで選ぶ」と決めつける傾向があるが、これは誤解だという。[16] とはいえ、先ほどの、二〇一〇年の内閣府調査によれば、「結婚生活にとって大切だと思われること」を選ぶ質問で、アメリカやフランス、スウェーデンと比較して、日本と韓国は「十分な収入があること」を選択した人の割合が圧倒的に高く、「夫と妻双方が仕事をもつこと」を選択した人の割合はとても小さい。[17] そして、これら二カ国の自殺率が、二〇〇〇年以降、急激に高まったのである。

繰り返すが、けっして実質的な経済的苦境や貧しさが問題なのではない。見てきたのは、あくまで男性の記号性（つまり、適応度指標としての「経済力」）であり、いわば男の面子や面目の話なのである。冒頭の講義のエピソードのなかの学生のショックも、面目（見栄）の問題であり、彼女ができて生きる意欲がわいた、というのも同様である。だがこれが重要なのだ。これらはすべて文化的でシンボリックな問題である。だが社会の自殺率の変化をみようとするときもまた、実はこれこそが本質的に重要なのである。なぜなら、経済の実質や中身は、けっして「人間の生き死に」にはかかわらない。かかわるのはむしろ、実質（中身）ではなくシンボリックな側面、すなわち表層の方なのだ。

自殺動機として生活苦をあげた自殺者数は、男性は五〇代、女性は六〇代がもっとも多いが、数としては男性が女性の約六倍である（二〇一四年）。しかし。実際に男性の方が貧しいとはけっしていえない。単身者の貧困率では、むしろ女性の方が男性よりも高いのだ。これに関して、生越照幸は、生活苦にも絶対的なものと相対的なものがあり、男性の方が相対的に経済力を必要と感じる度合いが高いからだと指摘する。[18] 要するに、男性は生きていくうえで女性よりも、より大きな経済力を必要とすると感じているようだが、それは男性が自らの社会的シンボルを維持するために、より大きな経済力の必要を感じているからなのだ。

一見、実際の経済状況や生活問題がかかわっているように見えても、それらのシンボリックな側面（体面や面子）を読み取らねば、男性の自殺の本質にはたどりつけない。だが、自殺分析の多くには、それが見られない。一方、デュルケムの『自殺論』には、それが暗に含まれている。このことを冒頭でふれた講義は示唆していた。これが、この講義から学びとれることであり、本論はその学びのうえでの考察である。

［注］

（1）三浦（二〇〇九）六四
（2）三浦（二〇〇九）二九
（3）小谷野（一九九七）二四七
（4）「統計データから見た自殺の現状」新潟県精神福祉保健センター（二一）、新潟県における年齢・配偶関係別、男性自殺率より。
（5）二〇世紀前半に関しては、二度の大戦などが大きく影響していると考えられるが、これについてはここではふれないことにする。
（6）トマ・ピケティ『二一世紀の資本』（みすず書房、二〇一四年）一〇二頁。フランスの経済学者トマ・ピケティの研究についてはボードロたちも多く参照している。
（7）たとえば、ウルリヒ・ベックは第一の近代から第二の近代へ変化したという議論を展開し、アンソニー・ギデンズは近代のラディカル化を指摘し、ジークムント・バウマンはソリッドなモダニティからリキッド・モダニティ（流動する近代）への転換を論じている。

内閣府自殺対策推進室・警察庁生活安全局生活安全企画課「平成26年中における自殺の状況」（二〇一五）および生越照幸「中高年の自殺への危機経路」南山大学社会倫理研究所（「いのちの支援」研究プロジェクト）二〇一五年度第二回懇話会（二〇一六年一月九日）を参考にした。

(8) したがって、自殺動機において経済生活問題が増えているという統計結果も、そのまま貧困の問題と受けとめると、ポイントをはずす。デュルケムが述べたとおり、人は単なる貧しさで自殺するものではないのだ。

(9) 金子他（二〇〇四）八二

(10) 伊藤（一九九六）

(11) 伊藤（一九九六）

(12) 多賀（二〇〇五）

(13) 多賀（二〇〇五）

(14) 多賀（二〇〇五）四八

(15) 澤田他（二〇一〇）

(16) 佐藤（二〇〇八）一三九

(17) 内閣府（二〇一一）

(18) 生越照幸、前掲懇談会（二〇一六）の発言より。

エッセー2

死を視野に生きる

中村仁一

いうまでもなく、私達のいのちは有限です。このいのちを生ききるためには、「死の助け」が必要なのではないでしょうか。ちょうど甘味を増すために、塩が要るように。

しかし、これまで、戦前の反動からか「死」を忌み嫌い、見ないように考えないようにしてきました。そして「死んで花実が咲くものか」「いのちあっての物種」「死んでもいのちがありますように」と「生」のみ謳歌してきた結果、その「生」までがおかしくなってしまったような気がします。

仏教では、「生死一如」というように、本来セットで切り離せないはずのものです。それをムリに切り離したため、すぐに自殺する、一度人を殺してみたかった、誰でもよかったなどの現象が起きるようになったのではないか。このような風潮を少しでも是正できないかと考え「自分の死を考える集い」を発足させたのです。すぐに消えると予想したのが案に相違して、二〇一六年一月には二三八回目を迎えるに至りました。

よく「死の受容」ということも、いわれます。しかし、今の日本人には、その前の「老い」の受容ができていません。「老い」が受容できない人間に、「死の受容」など論外というべきでしょう。

「老い」の受容

老年期は肉体的な機能の衰えばかりではありません。いろいろなものとの別れが、待ち受けています。すなわち、若さや健康との訣別はもちろんのこと、定年退職を機に職場、組織との別れがあり、その結果、地位、肩書きもなくなり、収入も減少し、社会的、経済的基盤の喪失に見舞われます。また、配偶者や肉親、親しい友人、知人との死別に遭遇する時期でもあります。

しかし、同時に、それはこれまでの人生の知恵と体験を総動員して克服し、内面的成熟を図れる機会でもあります。

けれども、現在、肉体的機能の衰えに関しては、発達したといわれる近代医学を過信して、「老い」を「病」にすり替える傾向が、多分にあります。

なぜなら、「老い」は一方通行で、その先には「死」が待ち受けているのですが、「病」には回復という希望があるからです。したがって、「年のせい」を認めたがらない人達は、医療にすがって、死ぬまで「病」と格闘します。その結果、悲惨な最後を迎えることになっています。

　しかしながら、繁殖を終えた後の「病」は、生活習慣病であり、これは老化か老化がらみなので、当然、完治はありえません。ところが、治してからこう生きようと思うため、その後の人生が空白になっています。大変もったいないことといわなくてはなりません。

老いて初めて、病んで初めてわかる世界あり

　一般的に、「老い」には、マイナスの否定的なイメージがつきまといます。例えば、弱い、衰えた、不健康などという形容や、ねたきり、ぼけ、老残、老醜、役立たず、用済みの厄介者、傍迷惑な存在などです。

　しかし、生まれたものが成長し、時を経て古くなるのは、自然の過程ですから、マイナスでも異常でもないはずです。

　私の場合は、腰部脊柱管狭窄があるため、右下肢がしびれ痛くなって動けなくなるので、一キロメートル以上は一気に歩くことはできなくなりました。でも、そのおかげで、足元のアスファルトの道路の小さな割れ目に懸命に花を咲かせている雑草や小鳥のさえずりを楽しめるようになりました。

　一方、朝早く、還暦を過ぎたと思われる男女が、健康のためなのでしょう、脇目も振ら

ずスタスタ歩き回っている光景を目にします。おそらく、彼等には、小鳥のさえずりも聞えず、雑草も踏みつけにされていることと思われます。

しかし、下り坂の老年期は、いくら努力しても、いつまでも若々しくというわけにはいかないのです。どこかの時点で、それも繁殖を終えたらできるだけ早い時期に、意識の変革をする必要があります。

「も」か「しか」か

一般に過去と比べて「もう……しかできない」と嘆きがちです。しかし、まだできることが沢山あるはずです。先の私の例でいうなら、「もう、一気に一キロ以上は歩けなくなった」と嘆くか「いやいや、まだ車椅子にも乗らず、人手も借りずに一キロならひとりで歩ける」と評価するかです。

「まだ……もできる」と受け取るか「もう……しかできない」と思うか、これは生きるハリという点で、天と地ほどの差が生じます。年を取ったら、見方、受け取り方を工夫することです。手といっても、甲と掌ではまるで風景が違います。誰にも迷惑がかからないなら、自分にとって楽な受け取り方をすればいいのだと思います。駄目になった部分、衰えた部分を問題にするのではなく、まだ使える部分、残存機能、プラス面も評価すれば、生きるのがしんどくなくなります。

　これは「欠けた歯を惜しまず残った歯を喜び、抜けた頭髪を憂えず未だ生えている髪を数える」精神です。これを実行すると、衰えたことをあまりこだわらず、落ち込むことも減ること請け合いです。

「活動理論」と「後退理論」

　定年後をどのように過ごすか、どのように生きるかについては、二通りの考え方があるようです。

　一つは「活動理論」といって「人は年を取っても、できるだけ長く、それまでの活動の延長を続けていくべきである。それがうまく年を取ることに通じる」というものです。

　もう一つは「後退理論」といって「人は年をとったら、社会的役割を若い世代に引き継いでいくのが、うまく年をとることに通じる」というものです。

　定年を迎えたからといって、一切の社会活動に背を向ける必要はありませんし、できることはやって社会に恩返しをしなくてはいけないことは、当然です。しかし、徐々に、心身が衰えるのは避けられません。それを自覚して（実際にはこれがむずかしい）、少しずつ引いていくのが現実的です。

しかし、現在、我が国では元気老人がもてはやされ、ボランティアなどの社会参加が声高に語られていますので、前者の「活動理論」が主流のようです。

その結果、傍の〝老害〟の指摘も気づかず、物忘れがひどくなって死ぬことさえも忘れて化けるほど生きていて、周囲に迷惑をかけているケースを、見聞きします。

ただ、この「活動理論」は、元気な人、意欲的な人、外向的な人、積極的な人、能動的な人、自己主張の強い人向きのものであって、年寄り全般にあてはまるものではありません。元気のある間だけという条件つきの、強者の理論である気がします。

〝元気老人〟は害毒を流す

この活動理論の信奉者も、やがては衰え、死を迎えることになります。はたして、うまく軟着陸ができるのでしょうか。

弱り衰えているにもかかわらず、それを認めたがらず、第一線に居座るため、前述のように、〝老害〟の元凶になっているケースさえあります。

また、敬老の日の〝超元気老人〟報道ほど、害毒を流しているものはありません。どんなに頑張ってもああいう状態になれない老人を落ち込ませるだけにとどまらず、あれを標準と受け取る家族がいるということです。その家族は、あの元気老人と比べてうちの年寄りはと、冷たい目を向けがちになるということです。

さらに、くだらないのは、決まって、元気の秘密は？　という質問をしていることです。長生きは、本人が作戦を立てて実行した結果ではなく、偶々、ハッと気がついたら長く生きていたにすぎないのです。従って、秘密や秘訣があるはずはなく、勝手なことをほざいて〝電波汚染〟になるだけのことなのです。

上手に妻離れを

最近は、その棲息率が激減しているとはいえ、まだ依然として、何よりもまず夫を立てる妻、面倒見の良すぎる世話女房が存在します。実は、男の自立にとっての最大の障害者であり、天敵と称してもいいのです。

病院でよく見かけるものに、立派な恰幅の紳士が、診察の申し込みから診療費の支払いまで、すべて妻に任せきりで、診察の最中にも、医者の質問にも、ほとんど付き添いの妻が答え、当人は首を縦横に振るだけ、診察後の待合室でも、「これから、お薬をもらいに行ってきますから、ここを動かないで下さいね」と命令されてうなずいている光景に接します。

また、「わたしは、なんとしても死ぬわけにはいかないんです。なぜなら、ひとりでは何も出来ない可哀想なあの人をおいて、お先に失礼しますはできないんです」と、実に調教が行き届いているケースに遭遇します。

基本的に、寄り添うことと支えることと、もたれさせることは違うはずです。知らず知らずのうちに自立の芽を摘みとられ、依存することなしには生きていけない境遇に追い込まれてしまっています。

こういう人が、もし妻に先立たれると、多分、間なしに後を追うことになるでしょう。たしかに、こういう人を後に残されますと、周囲が迷惑しますので、これも妻の深い配慮といっていいのかもしれません。

これを避けようと思えば、上手な妻離れが必要です。会社人間といわれ、仕事一筋だった人が定年になり、地域との結びつきもなく趣味もないとなれば、以前いわれたように、濡れ落葉とか、わしも族と名づけられ、嫌がられることになります。

外国の統計では、配偶者の死がストレスのトップです。しかし、日本では、夫にとっては妻の死はトップかも知れません。けれども、妻側にとっては、せいぜい半年か一年で以前にも増して元気ハツラツとなるのが常でしょう。

生活的自立は大切

いずれにしても、これだけ高齢化が進んできますと、夫婦であっても、まず同時に死ぬことは考えられませんので、〝おひとりさま〟の生活を余儀なくされることになるはずです。夫側も、その時に備えて生活的自立を考えておく必要があります。特に、問題となるのは、三度の食事です。毎回店屋物をというわけにもいきません。

男の料理教室のようなものが開催されていますから、そういう所へ顔を出し、身に付けるというのも一法です。でも、格別、特殊な料理は必要ありません。わが家の味を、妻から習うのが一番と思います。

私の場合、病院を辞めるとき、二ヶ月ほどの休暇が残っていましたので、これを利用して妻から食材の吟味、買い出しから調理法、味付けの仕方を習う計画を立てていたのです。しかし、今の老人ホームが、急に医者がいなくなったので来てほしいといわれ、ついに実現できなかったのを残念に思っています。

食器の洗浄や後片付けは以前よりやっていましたし、ごみも、生ごみと燃えないごみを選別し、集積所に出すのは、ずっと現在も続けています。最近は、私を見習ったせいか、近所でも男性諸氏のごみを出す姿が、断然、増えました。妻からは、きっと怨嗟の的になっているかもしれないから、暗い夜道は注意するように助言されています。孫からも〝ごみ爺〟と呼ばれています。妻の友達が来ている時に、ごみの整理をしていると「ほら、あなた手伝わないと」などといわれると「いいの、あれは趣味なんだから」と妻は答えています。

洗濯も、洗剤を入れて洗濯機を回すのは、たいてい私です。以前は、物干し場に干していたのですが、今は乾燥機を動かすだけですので楽なものです。

しかし、妻のために断っておきますが、ムリにやらされたり、役割分担でやっているのではありません。すべて自発的にやっているのであって、分担といわれると、天の邪鬼ですから、反発してやらないと思います。

「死を視野に」入れる

かつて、ある坊さんから、死に顔が一番安らかなのはお百姓さんや漁師であり、もっとも穏やかでないのは、都会のサラリーマンだと聞かされたことがあります。

これは、多分、フィクションだと思うのですが、いわんとしているところは、いくら努力してもどうにもならないことが世の中にはあると熟知している人とそうでない人との違いを指しているのだと思います。
二、五〇〇年前に、釈迦は、「死」は「苦」（ドゥフカ、思い通りにならないもの）と気づきました。
しかし、現代の日本人は、この思い通りにならないものを、医学の発達を勘違いして、すがって思い通りにしようとしています。けれども、どんなに医学が発達しようとも、老いた者を若返らすことも死ぬことを止めることもできないのです。

にもかかわらず、あまりに医療に頼りすぎると悲惨で非人間的な最期を迎えることになるのです。これを避けようと思えば、繁殖を終えたら（還暦の頃）、「死を視野に」入れていきることでしょう。

そのためには、一度、人生を振り返って棚卸しをしてみることです。多分、それまでの人生が肯定できるはずです。そうすると、ほぼ自動的に、今大切にしなければならないことに気づくはずです。そして、同時に、今後どう生きるべきかも見えてくるでしょう。

さらに、その後も、その日が来るまで、一定期間ごとにくり返すことで、確実に人生は充実したものになると思います。ついでに、補強の一法として、「余命六ヶ月といわれたら」エクササイズを採り入れてみるのもいいと思います。

これは、どういうものかといいますと、今、もし、がんで余命六ヶ月といわれたら、何をしたいかを優先順位をつけて書き出し、それを実行するというものです。この中には、昔、仲違いしたけれども死ぬまでに、関係を修復しておきたいということや、誰かに非常に悪いことをしたので是非許しを乞いたいというようなこともあるかもしれません。それらを、今、元気なうちに実行して、心残りのないようにしておこうというものです。

私の場合は、二〇〇六年の「自分の死を考える集い」の一〇周年記念イベント「合同生前葬ショー」の時に、人生の棚卸しをすませました。そして、古稀を記念して、二〇〇九年の秋に、段ボール箱の組み立て式の棺桶「エコクラフィン」を購入し、以来、大晦日と元旦には、必ず入棺して一年を振り返って反省し、それをもとに元旦には、その年はどう生きるかを確認するわけです。つまり、「一年の計は棺桶にあり」というわけです。

棺桶に入ると、最期は裸に薄物（死装束）を着せられて畳半分ほどの空間に押し込められ、そこには、生前築いた、地位、肩書き、権力や財産などの一切が持っていけないことを、実感させられます。その結果、執着心が薄れ、ものの整理が進みます。まだ生きているので、執着心が消失することは、ありません。

「死を視野に」かかわる

「死を視野に」入れて生きると同時に、周囲に

おじいちゃん
死んだまねしないで
早くお年玉
ちょうだい！

対して「死を視野に」入れたかかわりをするのも大事なことです。

ここでも、役に立つのが「余命六ヶ月といわれたら」エクササイズです。前述のは、自分が余命六ヶ月と言われた場合ですが、今度は、親やつれあいが「今、余命六ヶ月といわれたら」何をしてやりたいかを書き出し、実行しようということです。

「お通夜」エクササイズも、同じ趣旨です。よく、通夜の席で、こんなことになるなら、もっとああしておくべきだったという嘆きを、耳にします。親やつれあいの通夜だったとしたら、何をしておいてやりたかったかを列挙して、実行しようというわけです。

今、家族が最後の場面で、なぜ延命に走るのかを考えてみますと、それまで死ぬことを考えていないため、それなりのかかわりを持っていなかったことに帰因しています。

死にかけてから、ムリヤリ引き延ばされたところで、少しも、ありがたくも嬉しいこともないはずです。

それなりのかかわりをするためには、「死の助け」が必要なのです。もちろん、それでも、まったく後悔がなくなることはないでしょう。でも、ずっと少なくなっているはずです。

当然、年をとればいろいろ具合の悪い箇所が出てきます。これは自然の成り行きですから、いまさら、医者にかかって薬をのんだところで、根本的に何とかなるというものではありません。いろいろ知恵を働かせて、上手に折り合いをつけながら生きてみせることが大事なのです。すると、それを見た後続者は安心するわけです。

さらに、重要なことは「死にゆく姿」をあるがままに見せることです。これは最高の〝遺産〟です。

私の場合は、オヤジの死にっぷりです。二〇歳の時、ものが二重に見えるといって訪れた先の眼科医の、目薬と劇薬を間違えて点眼するという行為により、一瞬にして失明するという憂き目に遭います。その後の苛酷な運命を生きる中で、「老」も「病」も「死」も、自身で引き受けるしかないものと覚ったのではないかと思えるのです。

さもなければ、週に三～四回、食道がよじれるといって脂汗を流すほどの心臓発作に、半年間も見舞われながら、ただの一度も、愚痴もこぼさず、弱音も吐かず、同情を引くような言動が一切ないなど、考えられないからです。

このことは私の死生観の形成に大きく影響しました。そして、この受け取った〝遺産〟は、少しでも次に引き継がなくてはいけないとも思っています。

これを、実現するためには、じわじわ弱る〝がん〟で死ぬのが最適と考え、二〇年以上も前から、「死ぬのはがんに限る」と言ってきたわけです。

以前より、がんに何ら手出しをしなければ痛みは出ないのではないかと考えていたのですが、やっと、老人ホームで、七〇件以上のがんの〝自然死〟を体験し、確信を得ることができました。

やはり、人は生きてきたように死ぬのです。もちろん、事件、事故や災害死、ぽっくり死は別です。

今日は昨日の続きです。昨日とまったく違う今日はありえません。同様に、それまでいい加減に生きていた人間が、死ぬときだけきちんとというのは叶わないということです。

つまり、それまでをどう生きてきたか、周囲とどうかかわってきたのか、どのように医療を利用してきたかが、死の場面に反映されるというわけです。

「生」を充実させ、輝かせるためには、「死を視野に」は絶対必要と思います。

第3章

死に場所を求めて——高齢社会における生き方死に方

山中浩司

禁断の知識——抗加齢ブーム

抗加齢ブームである。社会学者のブライアン・ターナーが『我われは永久に生きられるか？』という著作を書いたのは二〇〇九年。この中でターナーは米国の上流階級の寿命が一五〇年になれば社会はどうなるかという問いをたてている。こんな現実が近い将来到来することを長寿研究者や生物学者たちは躍起になって否定しているけれども、関連する産業や医療業界の一部には、こうした幻想を本気で宣伝しているものもある。ゲノム医学、再生医療、遺伝子治療、臓器移植、脳科学、長寿研究、老化研究などを総動員すれば、とんでもない未来が待っているような幻想を持つ人やそういう幻想を経済活性化に動員しようという人はたくさんいる。

「抗加齢（アンチエイジング）」という言葉は、一九八〇年代には日本のマスコミには存在しなかったようだ。最初に登場するのは一九九一年に化粧品業界が九〇年代のマーケティング戦略として打ち出したもので、いわゆる高齢化と団塊世代の五〇代突入に合わせて、顧客ターゲットを五〇代以上の男女にシフトしようというものだ。米国では同じような動きが一九八〇年代にあるので、日本の化粧品業界が一〇年遅れで採用したということだろう。その後一九九〇年代末までこうした記事は年間数件しかないが、二〇〇〇年前後に急増する。

この頃から美容と医療の連携という話が浮上する。医学における長寿研究とゲノム医学への期待が、化粧品を通り過ぎて平均寿命の大幅な伸張というような幻想にまで及び始めるのは、二〇〇〇年代の後半だろうか。したがって、たかだかここ一〇年くらいの話である。

寿命についての改善論と受容論

もともと長寿願望とか不老不死願望というものは、どこの社会にもある。長寿や不老不死を願う思想がどういうところにあるかを調べたグルーマンの古典的著作『人生の延長に関する観念の歴史』(一九六六年)をみると、いつの時代も、長寿や不老不死についての著作や思想がある一方で、そうした思想の有害性を指摘する思想もあるようだ。西洋では伝統的には正統派の哲学や宗教思想は長命や不老不死の考えを批判する傾向が強く、そうした願望を抱くことをネガティヴにとらえていたようだ。正統派の哲学や宗教にとっては、長命のための知識はいわば「禁断の知識」であり、これを戒める神話や伝説は数多くある。こうした神話にあるモチーフの一つは、たとえ不死であっても老化はさけられず、このために不死の人間は結果的にきわめて惨めな状況になるというものである。ギリシア神話のティトノス、スイフトの『ガリバー旅行記』に出てくるラグナグ王国のストラルドブラグと呼ばれる人々がそう描かれている。ちなみに、このストラルドブラグと呼ばれる、死なないが老化だけはするという憐れな人々は日本の近くに住んでいると書かれている。なんとなく、複雑な気分である。

西洋で長命のための技術や知識が、ある程度正当な扱いを受けるようになるのは一八世紀の啓蒙思想期以降だという。これには啓蒙思想と医学の密接な関係も影響している。プロイセンの医師フーフェラントが一七九六年に表した『長寿学――長生きのための技術』はそうした傾向の著作の一つとして取り上げられているが、漢方や本草学の影響を受けた日本では、それよりもずっと前に貝原益軒の『養生訓』（一七一二年）が出ているのは面白い。グルーマンも、長寿に関する知識や技術を最初に体系的に展開したのは中国の道教であり、これが中国医学に重要な影響を及ぼしたとしている（益軒は儒学者であったが）。

人の寿命は自然に決まっているものではなく、改善することが出来る、伸ばすことが出来る、そうすることは良いことだという考えをグルーマンは「メリオリズム（改良主義）」と呼んで、それに対して、人の寿命には自然や神が定めた限界があり、これにあらがうのは無益でもあり有害でもあるという考えを「アポロジズム（受容主義）」と呼んでいる。もちろん、改良主義と受容主義はいつでも相容れないわけではなく、程度問題ということになるが、やはり根本のところで、あくまで人間中心主義で行くのか、あるいはどこかで神とか自然とか人智で動かしがたいものを受容していくのかという違いがあるようにみえる。

もっとも、超自然的なものに頼って、若返りや不老不死を手に入れようという両者を都合良く混合したような思想もたしかにあるが……。

脚光を浴びる男の短い寿命

さて、寿命改良主義からすると、さまざまな死因を減らしていくことが社会的な平均寿命を延ばすためにとられるべき方策であるのは明らかで、このためにガンや心疾患やその他死因で上位にくる病気が政策上ターゲットになる（図3－1）。他方では、長命の人たちの遺伝子や食生活などを調べると長寿の秘訣がわかるのではということも出てくる。長寿研究は、一九九〇年代から爆発的に増加し、医学生物学の双方でさまざまな生物について調べられており、今や年間数千本の論文が生産されている。これらはアカデミックな研究で、必ずしも寿命改良主義という思想に立脚するわけではないが、しかし、一般社会へのインパクトは寿命の大幅な伸長とか、不老不死の夢というようなものに結びついて報道される。

そんななかでネガティヴな形で脚光を浴びたのは男性の短い寿命である。人口全体の平均寿命を改善するには、もちろん、寿命が短い集団にターゲットをしぼって対策をとると改善効果は大きい。すでにかなり寿命が長くなっている富裕層よりも、伸び代が大きい貧困層に対策を絞る方が有効である。寿命の長い女よりも短い男の方がターゲットになりやすい。

そもそも、男女の平均寿命は、二〇世紀初頭まではほとんど差がなかったと言われている。この差が急速に拡大したのはとりわけ二〇世紀後半、つまり第二次大戦後の先進工業国である。もともと女性が若年で死亡する最大のリスクは出産で、出産に関連するいわゆる母体リスクが減少するにつれて、男性よりも寿命が延びる傾向がある。欧米でも一九三〇年代までは、出産年齢の女性が男性の死亡率を上回る現象が一般的であったようだ。出産リスクは所得水準が向上するにつれて改善する傾向があり、また母体保護政策をとるにしたがい急速に下がるようだ。出産年齢期の女性の死亡率が下がるにつれて、ほとんどの年齢層で男性の死亡率が女性のそれを上回るようになる。

なぜ男は女よりも早く死ぬのか。直接の死因で言えば、事故死、他殺、自殺（日本では他殺のリスクは少ないが）というのがかなり効いている。いずれも男性の死亡数が女性を圧倒する傾向がある。表3-1に見るように病気に起因しない死亡で男性の死亡率が女性

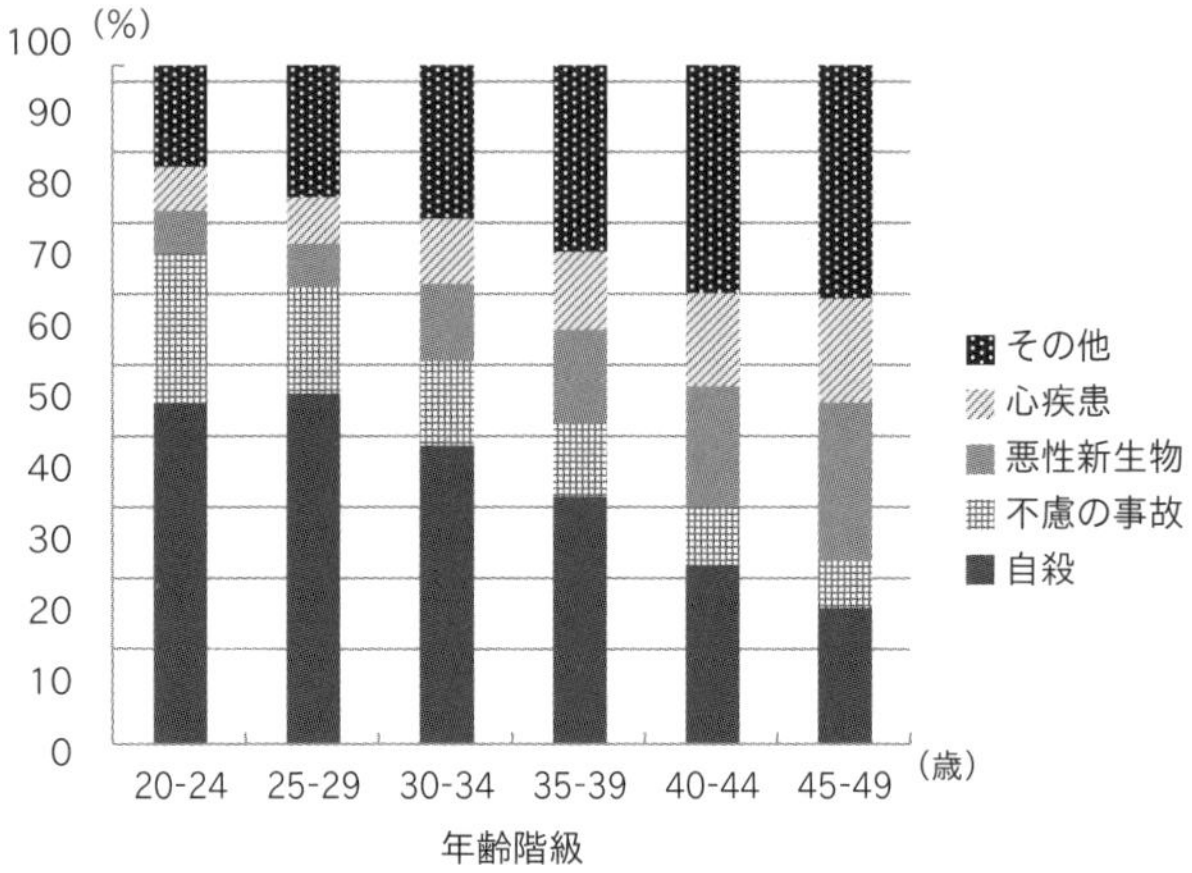

図3-1　20-49歳男性の死因上位の死亡数に占める割合
(厚生労働省　人口動態統計年報　2009年)

よりもはるかに高いのは洋の東西を問わない。なぜ男性が女性よりも、よく自殺するのか、なぜよく殺されるのか、なぜよく事故に遭うのか、これには、遺伝学的要因、行動学的要因、文化的要因、社会的要因などさまざまな因子が関係しているらしいが、いずれにしてもかなり普遍的な現象である。つまりほとんどの国で男性の方がよく自殺し、よく殺され、よく事故に遭うのである。

自殺や他殺や事故というと、死因としてはまれというように考える人がいるかもしれないが、それは高齢者の死亡原因を標準に考えるからで、実際には、成年期の死因のトップは自殺と事故である。厚生労働省がまとめている死因統計（二〇〇九年度）

表3-1　米国における事故・自殺・他殺の男性死亡率の対女性比（2012年）
(National Vital Statistics Reports, Vol. 60, No. 6, June 6, 2012)

年齢層	事故男性死亡率の対女性比	自殺男子死亡率の対女性比	他殺男性死亡率の対女性比
15-19	235%	374%	607%
20-24	339%	512%	622%
25-34	320%	400%	517%
35-44	237%	324%	339%

表3-2　日本における事故・自殺の男性死亡率の対女性比（2009年）
(厚生労働省人口動態統計年報 2009年)

年齢層	事故男性死亡率の対女性比	自殺男性死亡率の対女性比
15-19	305%	176%
20-24	364%	218%
25-29	254%	227%
30-34	291%	243%
35-39	285%	290%
40-44	236%	294%

では、二〇～四四歳の男性、一五～三四歳の女性の死因のトップは自殺で、二〇代の男性では実に死亡者の半数は自殺である。これに不慮の事故を加えると実に六割から七割になる。表に見るように、これらの死因における男性死亡率は女性の二～三倍に上る。米国では他殺による死亡で男性が女性の六倍になるケースもある。

それ以外にも、もちろん、男性がとりやすい、医療関係者には理解しがたいさまざまな有害な行動、飲酒、喫煙、暴飲暴食、過度の運動がある。これらはガン、心疾患、脳血管疾患などに結びつく。ちなみに、自殺、他殺、事故以外で男性の死亡率が高い死因はガンで、日本では女性の一・五倍である。

そのために、男女の死亡率格差は、自殺や事故が死因のトップを占める二〇～三〇代でぐんと開く。二〇～三〇代を無事生き延びた男性を次に襲うのは中高年、つまり五〇～六〇代の危機である。ここではガンのリスクも事故と自殺に加わる。日本ではとりわけこの二つの山が顕著だ。

本書の姉妹編である『生き方編』にもあるように、折しも、遺伝学の華々しい発展の中で、遺伝学的な意味で男性を男性たらしめているY染色体の特異な性質について生物学者や医学者が議論し始めていた。この染色体が次第に短くなっていることや、X染色体（女性はこの染色体の対、つまりXXという組合せ）と比較するとDNAの複製プロセスでエラーを補正する機能に問題があるというような議論が出てくる（女性はX染色体の対の間で補正が行われるが、Y染色体には対がないので、実は自分で自分を補正するという離業をやっているらしい）。男性という生物種はいずれ死滅するというような話まで飛び出すようになって、マスコミもこの種の話を取り上げるようになる。ダーウィンの『人類の祖先』（一八七一年）（邦題『人間の進化と性淘汰』文一総合出版）をもじった『Y　男たちの祖先』(邦題『Yの真実―危うい男たちの祖先』化学同人)という本がでたのは二〇〇三年である。著者のスティーヴ・ジョーンズはイギリスの著名な遺伝学者にして数多くの一般向けの著作を書いている作家で、「男」がかかえる問題について、遺伝学的でもあり社会文化的でもあるさまざまな興味深い考察を展開している。彼は、男性の権威をおとしめるけしからん人物として保守系の団体から脅されたりもしたらしい。

男性の健康問題は、それより少し前から、男性学では問題になっていた。男性が医療機関や相談窓口などになかなか足を運ばないという、いわゆる支援要請行動を抑制する傾向や、社会文化的に要請される「男らしさ」が男性を苦しめているという話などは、医療社会学では、かなり以前からあるが、男性が享受する社会的地位の影に隠れて従来はあまり問題とはならなかった。しかし、欧米では、ここ三〇年間に女性の社会的地位は急速に向上し、教育達成度ではすでに男性を圧倒する傾向がでている。社会の上層には依然として女性が少ないにしても、底辺を見るとむしろ男性が多いという問題も浮上してくる。生産労働が激減する先進工業国の産業構造の変化も影響している。肉体的な強健さが有利になったり、また、危険を顧みない勇気や、競争に熱狂したり闘争的状態を生き甲斐とする性格、こうしたものが職業上有利に働く労働市場は次第になくなりつつある。代わって、人間関係を調整する能力や、顧客の感情を読み取る能力、情報を操作したり、戦略を立てたりする能力、そうしたものが評価される労働市場が拡大し、ここには多くの優秀な女性が参入している。そういう状況が、弱者としての男性にスポットライトを当てる傾向に拍車をかけたのだろう。ドイツでは男性健康問題協会なる団体までできて、今や男性の性格や行動や社会モデルを問題視して、改善を求める声は日ましに強まりつつあるといっても過言ではない。肥満や喫煙や飲酒だけでなく、さまざまな男性的行動が話題になっている。

こうした状況と先進国の高齢化傾向とがたまたま重なったため、高齢男性の問題も今では議論になっている。この方面では、まず男性更年期障害についての議論があり、ついで、中高年者の勃起不全とバイアグラの問題、それから男性高齢者の支援要請行動の問題などが話題となり、次第に、「自主独立」の尊重や依存への嫌悪などといった西洋の男性に支配的なイデオロギーが、加齢による生活状況に適応しないという根本的な議論へと移行しているようにみえる。後で述べるように、安楽死を導入した国では、実は積極的に死を早めるような薬物投与などを選択するのは男性が多いが、これもこうした男性イデオロギーと関連しているように思われる。

ともあれ、話題となっている短い寿命は、男性にとっては（そしておそらくは多くの女性にとっても)、ある意味では幸いであったかもしれない。男性は、男性的な価値観にしばられるが故に早死にするかもしれないが、早死にはいわば、この価値観と根本的に相容れない状況を回避する窮余の策の一つかもしれない。

自然死・平穏死ブームと胃ろう問題

抗加齢ブームがあると同時に、昨今は、逆に自然死や平穏死もブームである。これがどれくらいの広がりがあるのかはわからない。石飛幸三氏、中村仁一氏、久坂部羊氏ら、自然死、平穏死を勧める著作物は非常によく売れているが、このブームの及ぶ範囲は果たしてどれくらいだろうか。こうした先生方をお呼びして主催した我われのフォーラムには、たくさんの一般の方が来ていただいているが、こうした方々の意見がどれくらい一般的であるのか、ちょっと想像がつかない。

私は個人的には、自然死・平穏死の考えに賛成である。連れ合いの親族にそうした死を選択し、長いがんの闘病生活の後に、実に平穏に、しかも周囲の人間に貴重な教訓を残して亡くなった人がいたため、終末期に栄養を入れない方がいいとか、何もしないのが一番平穏であるということは、経験として（自分で経験したわけではないが）とても納得のいく話であったが、他の人もそれで納得するとは限らない。

昨今は、医療関係者はもとより、一般の家庭でも自宅で老人を看取ることはほとんどないので、人が亡くなる過程を見聞することはまずない。病院からの連絡で駆けつけたときにはすでに亡くなっているというのが通例だろう。私の父方の祖父は、昭和五十年代に自宅で亡くなっていたが、祖母は平成期に病院で人知れず夜中に亡くなっていた。自宅で看取った祖父は、点滴も何もしていなかったと記憶している。かかりつけの医師がよくできた先生で、何度か倒れた後、入院を勧めなくなった。それで自宅で、寝かせて、何かを飲もうとしたり食べようとしたら飲ませたり食べさせたりしていたようだが、人口的に栄養を補給するなどということは、当時は慣行として存在しなかったのだろう。枕元には点滴のボトルもぶらさがっていなかった。ある夜、みなが居間でしゃべっている間に旅立っていた。穏やかな死であった。

祖母の場合は、そうはいかなかった。祖母は、脳梗塞で倒れた後入院し、入院先では、点滴チューブを無意識に外そうとするというので、両手をしばられていることがあった。

祖母と折り合いがよいとは言えなかった母が、かわいそうだとつぶやいていたのが印象に残っている。

自宅で亡くなるのと病院で亡くなるのとどちらが不幸かとは一概には言えないが、病院で亡くなるのが当たり前になると、自宅で看取るというのはかなりの勇気が必要になるのはたしかだ。実際、人口的栄養を拒否して、最期まで自分の意志で医療を拒んだ連れ合いの叔母でも、最後は、息子の嫁に迷惑がかかるといって入院を決意したほどだ。入院しても何もしてはならぬと医師にも家族にも厳命した上での入院で、こんなのは通例ではないだろう。病院も、自宅で亡くなれば嫁に迷惑がかかるからといって、病室で死なせろという患者の要望をはたして聞けるものかどうか……。

看取りを実践する介護施設で聞き取り調査を行った濱田佐知子さんは、看取りを実践するまでは多くの介護士は立ち会うのが不安であるが、一度看取りを実践するとその満足感は非常に高く、不安も和らぐと指摘している。誰も人が亡くなる場に立ち会うことには躊躇する。しかし、死に立ち会うことそのものが死に対する恐怖心を和らげる作用があるのは、社会にとっては救いである。そのためにできるだけ穏やかな死を周囲の人間に見せるということは、残されたものにとっては大きな贈り物である。これは中村仁一氏の考えで、私も全面的に賛成である。

しかし、現状はうちの母親もぼやくように、人間が一人死ぬのは大変である。とくに、いわゆる通常の老化のコースというか、次第に自立できなくなり、家族や親族の世話になり、さらに介護施設や医療施設の世話になりながら、認知症などをわずらうようになると、たくさんの人と資源を巻き込みながら見通しのつかない状況に陥る。これは、周囲にとっても負担だが、本人にとっても大変な心的な負担になる。自分の余命をつなぐのに必要な資源がどんどん膨らむのをながめながら老いるのはかなりの恐怖である。「長生きしすぎた」という嘆息は、切実である。

日本の場合、家族や親族のしがらみがここにまとわりつくので余計に事情は複雑である。私の母方の祖母は、亡くなる一年前に乳がんの手術を受けたが、そのときの判断は、「あんたらが決めてちょうだい、私はあんたらの意見にしたがうから」というもので、これは周囲の人間にとっては当惑の種であった。特に兄弟姉妹がいたりして、親の最期についての考えが違ったり、親との関係が微妙に違ったりすると大変である。少しでもこういう問題があると、本人の死に方よりも、医療的に最善の方法をということになる。かかりつけの信頼できる医師がいればまだしも、高齢者のかかりつけの医師はたいていの場合すでに先立っているので、相談する相手はいない。結局、外科医に相談となれば、それは手術を勧めるに決まっている。こういう状況で高齢者に手術を勧める医師は次第に減りつつあるとはいえ、最後まで病気を治すことに情熱を燃やす医師はまだまだ多い。

私の大学の恩師は、八三歳のころ、動脈瘤の手術を医師から勧められた。医師は、米国での自分の手術経験のデータを示しながら、手術を受けることがいかに大きなメリットになるか、放置して生活することがいかに危険かを説明したらしいが、本人は強く拒否して、結局、自宅である日静かに亡くなった。生前ご自宅に伺った時には、「医者はこの歳で入院することがどれだけ苦痛かわかってないよ、もうごめんだよ」とつぶやいていた。結局、最後まで自宅で仕事をしながら、亡くなることができたのは幸いだったと我われ弟子たちも思っている。頑固な人で、その頑固さの故に周囲にはかなり迷惑をかけた人だと思うが、しかし、最後はその頑固さが幸いしたのかもしれない。

大きな手術を拒否するのは、本人が嫌だといえば、高齢者の場合はまだしやすいかもしれない。しかし、胃ろう（胃に穴を開けチューブで直接栄養を流しこむ処置、ＰＥＧと呼ばれる）や呼吸器のように、手術や造設そのものは簡便で、かつ、つけなければ、すぐに亡くなりますよ、と言われれば、家族は相当に動揺する。本人の判断能力がなかったり意識がなかったりすればなおさらである。

胃ろう問題は、石飛幸三氏の著作『平穏死のすすめ―口から食べられなくなったらどうしますか』（講談社文庫、二〇一〇年）によって一般に知られるようになったと我われは考えているが、それ以前から、かなりいろいろなところで問題になっていた。日本老年医学会が二〇一二年六月に公表した「高齢者ケアの意思決定プロセスに関するガイドライン」はえらくタイミングが良いように見えたが、実はそれよりずっと前から準備されていたようだ。

この問題について内外の動向を詳しく調査し、現場の医師が胃ろうの採用に傾く要因を分析した会田薫子氏の著作『延命医療と臨床現場―人工呼吸器と胃ろうの医療倫理学』（二〇一一年）によれば、欧米で老人への胃ろう造設について批判的な議論が一般化したのは一九九〇年代後半である。米国でもこのころから胃ろうを選択しない患者が増え始め、特に認知症患者における胃ろう造設率は低下し始める。日本でも欧米のこうした動向を受けて、胃ろう造設に慎重な意見を表明する医師がかなりいたと報告されている。

ところが、日本で急速に胃ろうが普及し始めるのは、まさしくこの時期で、二〇〇〇年代前半から後半にかけて、造設数はほぼ一〇倍になったと推測されている。これにはいろいろな理由が挙げられている。保険点数が段階的に引き上げられたこともその一因として指摘されているし、また、医療費の包括支払制度の中で、点滴などの医療処置では病院の収益が上がらないのに対して、胃ろうを通じて注入する栄養は食費として徴収できる点などを指摘する声も聞いたことがある。在院日数を減らさせるための圧力が次第に強まり、入院患者に何もしないという選択肢が病院にとってありえないものになっていった事情も影響しているかもしれない。介護施設が、胃ろうをしなければ介護を引き受けないというような事情も指摘されている。

胃ろう造設者数の正確な統計はどの国でもないようで、国際的に比較できる数字は乏しい。療養施設入所者に占める胃ろう造設者の割合は二〇一〇年のドイツで六・六％、ドイツ全土の療養施設で四万人強と推測する調査がある。この数字は他国と比較して平均的とされているが、その根拠は不明である。全日本病院協会の二〇一〇年調査にもとづく推計では胃ろう造設者数は全国で二六万人とあり、日本の各医療・福祉施設での胃ろう造設者の割合は、急性期病院でも七・二％、慢性期病院ではなんと二九・六％、全体では一五・二％である。これはかなり高い数字ではないか。胃ろうカテーテル年間販売数が二〇一〇年で七〇万とする調査会社の推計があり、カテーテルを四ヶ月に一回交換すると考えると全国で二六万人という数字は大体符合する。

いずれにしても、摂食が困難であるか、本人が拒食しているか、誤嚥の危険性があるとみなされるかして、口から食事ができない、あるいはさせたくない患者への措置として、胃ろうが限度を超えて一般化すると、いわゆるクリティカルマス（普及が自動的におこり始める規模）を超えた普及がもたらす効果で、この措置をとらないことが医師や家族にとって次第に困難になっていったことは想像に難くない。もしも、胃ろうがきわめてまれな処置であり、何年かに一人あるかないかの手術であれば、医師も患者の家族も、それを回避することにそれほどの心理的抵抗はないだろう。大学でも、昨今はパソコンを学生がもっていることを前提にさまざまな課題を課すことに抵抗がなくなり、パソコンをもたない学生はもはやこれを拒否することができなくなっている。

普及理論のこれまでの結果からすると、マスコミや啓発活動が人の行動に直接影響することは少なく、こうした影響を受ける社会階層はかなり限定されていると言われている。医学会などが公表するガイドラインの影響についても、医療関係者の間ではその効果に対して懐疑的な声も多い。これまでの研究では、医師を含めて多くの人は、周辺の人間の行動や、信頼する人物の言動の影響を受けて従来の考えや行動パターンを変えると言われている。しかし、日本では社会の風潮や空気に敏感な医師が多く、マスコミの影響は米国などよりも格段に大きいかもしれない。二〇〇〇年に胃ろうが何らかの新聞記事になったのは、全国でもわずかに八件、二〇一二年には六四二件である。全国新聞ではほとんど毎週関連記事が掲載されている。これを意識しない医師はないだろう。多くの医師が安易な胃ろう造設を躊躇するようになれば、摂食が困難になった高齢者への標準的な対処は急速に変化するかもしれない。これはイノベーションの普及と衰退についての興味深い事例となる。

ちなみに、胃ろうではなく、終末期ケアに対するマスコミの関心は、一九九〇年代中頃にいったんピークを迎え、その後、富山の医師が末期患者の人工呼吸器を外すという事件が二〇〇六年にあり、もう一度ピークを迎える。つまり、マスコミ報道からすると、終末期ケアについてはかなりの情報と知識が浸透しているはずなのである。にもかかわらず、新しい技術が登場すれば、本人の希望とはかかわりなく容易に医療現場に浸透する構造は健在である。米国でも、一九九〇年代にSUPPORTという、終末期医療における医療者、本人、家族のコミュニケーションを改善するための大規模な介入実験が行われているが、結果は惨憺たるものだったという。したがって、たとえ胃ろう造設が減少したとしても、のぞましい終末期の医療が実現するかどうかはわからない。

老年の二つの区分

さて、抗加齢ブームと終末期医療への関心という、シーソーゲームをしながら併存する思潮に違和感を感じていたところに、老年学における高齢者の二つの区分という議論があることがわかって、何となく両者の問題が結びついた。老年学では、先進工業国における平均寿命の伸張という事態に対応して、老年期を二つに区分する考えが主流であるという。人間の成長を、幼少年期（第一期）と成年期（第二期）と老年期（第三期）に分ける考えを修正して、老年期を第三期と第四期に分けるというものである。第三期は今で言えば定年退職や年金の受給開始の六五歳くらいから七五～八〇歳くらいまで。その後を第四期と呼ぶらしい。どうして分けるかというと、先進工業国におけるさまざまな生活環境の改善、医療の充実などで、第三期の高齢者の状況は劇的に改善し、今や七〇歳でもごく普通に働ける人が珍しくない。いわゆる若々しい老人の出現が、老年学の間できわめてポジティヴなイメージで描かれている。ところが、問題はその後である。第三期を健やかに過ごした人は、第四期を迎える。そこで、最期まで健やかに過ごしある日突然ぽっくりとなれば、幸運である。実際には、八〇歳以降の老人の状況はそれとは対照的で、さまざまな疾患や精神的にネガティヴな状況が指摘されるようになる。しかもこうしたいわゆる超高齢者が社会にあふれるようになって、さまざまな問題が生じるようになる。老年学は対照的な二つの社会集団を扱わざるを得なくなったので、これを区別して混乱を避けようというのであろう。

しかしどういうわけか、この話は日本ではあまりなじみがない。少なくとも私のような老年学とはあまり縁がなかった人間には、初耳であった。日本語で言えば、前期高齢者と後期高齢者というのがその区分にあたるのかもしれないが、この言葉は政策的に導入されたもので、その意味するところはきわめて曖昧である。後期高齢者医療制度というのは、もともと日本医師会の発案によると聞いた。前期高齢者と後期高齢者とでは、状況がずいぶんと異なるので、医療制度上も区別して対応すべきということらしいが、実際には、後期高齢者専用の医療なるものはなく、受ける医療内容は前期高齢者と変わらない。極端に言えば、若者と変わらない。単に保険の仕組みが違うだけである。これはどうも政策上そういう隘路に迷い込んだらしい。日本医師会の意見書にもあるように、最初の発想は、老人期を二つに分けて、後半の方については、ほかの年齢階層と同じような延命第一に考える通常の医療措置が本人にとって幸福かどうか検討するというような含みがあったようである。しかし、後期高齢者医療制度という名称か、あるいは広報の仕方が大変悪かったせいか、この政策は「姨捨山政策」と呼ばれるようになり、政策担当者は、医療の中味を変えることに恐怖を覚えたのかもしれない。

ともあれ、抗加齢ブームに沸く元気な老人は前期高齢者、終末期医療や平穏死・自然死は後期高齢者の話と考えればとりあえず納得できる。しかし、現状では、こうした区別が曖昧なため、八〇歳を超えても若者と同様の医療を勧める風潮は強い。

中村仁一氏によれば、生物としての人間は繁殖期を過ぎれば、つまり男女ともに五〇歳を過ぎれば、「賞味期限切れ」となるので、生に固執すべきではないというが、一般の人にとっては、これはなかなか難しい。生涯現役と称して、元気な老人を称揚し、フルマラソンをしたり、エベレストをスキーで滑り降りたりする老人を模範的老人のようにマスコミが取り上げる中で、死の覚悟をしたり準備をしたりするのは、相当に頑固な精神が必要かもしれない。他方、人間弱れば心も折れやすくなり、自分の終末期について考えるのも煩わしくなる。そうすると、前期高齢者時代には「禁断の知識」の若々しさをふんだんに吹き込まれ、いざ後期高齢者になって体が弱れば何もかも面倒になる。こうして、なし崩し的に家族任せ、世の中の常識まかせの最期が増えて、本人も周囲もますます困窮するという事態になる。

医療関係者は、本人の事前の意思表示（事前指示書）の普及にかなりの期待を寄せている。しかし、これが普及している米国でも、事前指示書は必ずしも機能しないと指摘されている。実際の、終末期の現場は実にさまざまで、元気なときに書いた事前指示書はあまりにも抽象的で具体性に乏しい。病気になれば人の意思も変わる。もっとも親しい親族の意見が本人の意思かどうか確認しがたい、同居していた娘とかけつけた息子のどちらの意見を聞くかというような日本でありがちな問題も米国でもある。結局、話がまとまらないままに、本人の事前指示書では拒否されている胃ろう造設や呼吸器装着になったりするという。認知症などであればますます混乱する。だから、事前指示書は万能ではない。本人の意思や希望を伝えることも大事だが、やはり、終末期の人間のあり方を多くの人が見聞して、ある程度の合意が形成されることが必要だろう。胃ろうをつけるとどうなるか、呼吸器を装着するとどうなるか、人工栄養をやらなければどうなるか、医療機関以外の施設や自宅で看取るとどうか、こういう経験の積み重ねによって、一定の社会的了解を形成する必要がある。そういうものなしに、事前にどう死にたいかなどと書くのは土台無理である。

病院は死に場所ではない

治る見込みがなければ、自宅で死にたいと願う人が多いのは洋の東西を問わない。しかもこうした傾向は近年強まっている。日本でも八割近くの人ができるなら自宅で死にたいと希望している。ところが、日本の現実はちょうどこの逆で、八割の人は病院で亡くなる。自宅でなくなるのは一割ほどである。希望と現実のギャップはほかの国でもしばしば指摘されていて、在宅での終末期医療の整備を求める声は強いが、日本ほどこのギャップが大きい国はない。

周知のように日本では一九七〇年代後半に在宅死と病院死が逆転し、その後病院死が急増、およそ八割の人は病院で亡くなる。自宅で亡くなる人は一二%しかいない。在宅死が減って、病院で亡くなる人が増えるのは戦後の工業国の特徴だが、八割が病院で亡くなる国は少ない。たとえばドイツでは病院で亡くなる人は半数に満たず、ほとんど増えていないし、米国でも一九八〇年頃の病院死のピークでも五四％である。それに、病院死が増加した多くの国ではその後徐々に病院死は低下した。カナダでは病院死の割合は一九九四年にピークを迎え、日本と同様に八割近くになった。しかし、その後急減し、二〇〇四年には六割まで低下している。米国では二〇〇七年には病院死は三六％まで低下した。病院の機能を治療本意に絞り込み、治療の見込みのない患者を自宅やナーシングホームに送り出す仕組みができたことや、終末期医療に対する関心が高まり、病院での死を望まない人が増えていることなどが原因である。欧米では、末期がんで最期を病院で迎えたいと望む人はほとんどいない。

日本でも、病院の在院日数を減らしたり、高齢者の社会的入院を減らそうとする試みがあり、介護施設やホスピスの整備によって病院での死を減らそうとする動きはある。しかし、厚生労働省の資料を見ると病院死はピーク時の七九・八％（二〇〇五年）から七六・二％（二〇一一年）に下がっただけである。介護施設が増えても、最後は病院に送るというケースが多いのが現状で、米国などとは逆である。

なぜこれほど多くの人が望まないのに病院で死ぬことになるのか。何かあれば病院という習慣はなかなか抜きがたい。高齢になっても、ともかく何かあれば病院である。だから当然、死ぬほどの容態の変化を前に病院に行かない、行かせない、という選択肢はかなりの覚悟が必要だ。末期がんで本人が自宅での最期を強く希望する場合にはまだしも、高齢者の容態が急変したり、倒れたりしたら、ほとんどの人は救急車を呼ぶ。救急車を呼べば、死ぬほどの状態であれば病院はまず患者を自宅に帰すことはない。介護施設などでも同様で、終の住処と決めた施設でも、最後は病院に送られる。

私の母親は八二歳で、「長生きしすぎた、長生きはしとうない」というのが口癖で、延命治療も拒否するというエンディングノートも書いている。私の忠告にしたがって、人口呼吸と人口栄養両方拒否するとちゃんと書いている。ところが、それでは病院には行かないかというと、これはまた違う。ちょっとこけて頭を打っても救急へ行って、CTスキャンをとってもらう。何で、こんな寒い日に病院に行くんだと聞くと、検査しといてもらったほうが安心やから、なんかあったらいかんからという。おかしなようだが、本人は、寝たきりになったり、認知症になったりしながら生きることを死ぬほど恐れているから、これはこれで合理的な行動だ。それでは、脳梗塞や心筋梗塞で放置すれば亡くなるという状況で、救急車を呼ばずにがんばれるかというと、これは家族にとってはなかなか難しい。中村仁一先生のように、本人が「呼ぶな〜」と一喝でもしなければ、だめだろう。しかし、入院したら日本の病院ではベルトコンベアーにのったようなものだ。次々と救命措置がとられて、最期の看取りまでやってくれる。

米国などでは、死期の迫った患者は退院させるのが普通のようだ。自宅へ帰すか、ナーシングホームに送るかするらしいが、日本ではもう死にそうだから退院させようというのは、通例ではない。家族もそういう準備はない。今度はもう家には帰れないという覚悟で多くの人が入院するのである。だから、病院は死に場所ではないという社会的了解を形成することが必要である。もう家には帰れないと思ったら病院には行かない、このままだと家に帰る前に亡くなると考えたら早めに帰すくらいの気でなければ変わらない。医師も自宅がある人は病院で死なせたら申し訳ないくらいの意識が必要だ。

ただし、現場の医療者は言うだろう。我われは帰してあげたいが、家族が引き受けない、

と。そう、病院の死が多いのは、家族が拒むからだという議論は確かにある。実際、末期がんでもなければ、見通しのない介護にあけくれるのは地獄である。欧米では、病院や施設で人が亡くなるようになることを「死の施設化」と呼んで、現代社会の特徴の一つと考えるが、「施設化」は、家族にとっては最後の避難所という意味合いもある。本人は自宅で死にたいが、家族に迷惑がかかるからという人は多い。家族が家にいるから帰れないとは皮肉な状況だが、現実である。その意味でも在宅で看取るという経験を共有することは必要である。

男と女は考える

終末期についての意識は、男女でずいぶんと違う。そもそも老年学でいうところの第四期の老人の特徴の一つは女性の数が男性を圧倒するということらしい。日本では、ちょうど八〇歳以上で人口を区分すると、女性と男性の比率が二対一になる。そういう人口学的な特徴も老年を二つの時期に分ける理由だという。終末期についての男女の意識の相違も、男性が早く死ぬということにある程度は起因するかもしれない。たとえば、死に場所についての調査では、男女ともに自宅を希望する人は多いが、しかし、女性では、自宅で死にたいが実現は難しいという人は多い。自宅で死にたくないという人も女性において多い。男性は配偶者が生きている間に死ぬことを想定しているが、女性は独居になることを想定している。また、家族に迷惑をかけたくないから自宅では死にたくないという意識も女性において強い。連れ合いに看取られる状況ではなく、息子や娘の家族に看取られるという状況を想定するから、どうしても自分の家というよりは、息子や娘の家で亡くなるというニュアンスが強いのである。

また、おおむね、どの国でも男性の方が医療に対する期待や信頼は強いようだ。死亡する三〇日前に病院に運ばれる確率は男性の方が高いという調査がある。死亡する前にかかる医療費についても、男性は入院患者サービスに、女性は社会的サポートにより多くの費用を費やすという結果もある。身体への侵襲性の強い治療は男性が受けやすく、延命治療のような終末期の介入についても女性の方が回避する傾向は強いらしい。これらがどの程度男女の寿命差に起因するのかはわからないが、男性は何もせずにじっと死ぬのは耐えられないという傾向が強いようにも思える。もはや何もすることがなくなれば、医師に薬物を投与してもらって積極的な安楽死を望むのも男性が多いのである。考えようによっては、いちかばちかのアグレッシブな治療は、積極的な安楽死手段の一つであるのかもしれない。要は、死ぬにしても生きるにしても何かしないと気が済まないのである。

終末期医療についても、男性は女性よりも考えない傾向が強い。家族と自分の最期について話し合ったり、事前に指示をしたりということを男性はしにくいようだ。私の両親はそういう典型的なパターンで、父親はすでに米寿を迎えているにもかかわらず、延命治療をするかどうかというような話になると、なるようになるとしか言わない。家族はこれではお手上げである。こういう場合は、結局医療機関におまかせという感じになりやすい。つまり、自宅に配偶者がいて、在宅で亡くなる環境が整っている男性は、こういう準備をしないので、家族は結局面倒だから病院に送るのである。他方、そういう準備をしている女性の方は、自分の時には配偶者がいないことが多いので、娘や息子に迷惑がかかるから、結局自宅には戻れない。老人ホームや介護施設が看取りを行わなければ大半の人が病院で亡くなる所以である。

欧米の文献では、男性的価値観と「緩慢な死」は相容れず、こうした状況に陥った男性は適応が困難になるとある。長期にわたって家族や他人に依存する生活に耐えられない。

だから、治療なり何か目的をもった行為をし続けないと自分のアイデンティティーを維持できないのである。病院という施設も本来そういう性格、つまり、治療するという目的のために何かをし続ける場所なので、男性と病院は相補い合う関係になる。しかし、男性的価値観だけ守っていればそれで幸せというわけではないので、結局、治らない病気や治らない老化のために、無駄な治療を続けるという不幸な状況が男性にとっても不幸であることは変わらない。これは、貴重な医療資源を費やすという意味で社会にとっても不幸である。

「緩慢に死ぬ」ことに、社会教育的な意味を与えれば、男性もこれを自分の最後の仕事と思って受け入れるかもしれない。日本では、死ぬことにこういう社会的な意味を付与することをさける風潮は強いが、死ぬことほど普遍的なことはおそらくほかにないので、教育効果は大きい。女性も、息子や娘や、あるいは介護士や看護師に迷惑をかけると思わず、見聞を増やしてあげるというくらいの気持ちであれば、多少は気が楽かもしれない。いずれにしても、死の教育などと言っても、教室であれこれ本を読んだり、話を聞いたりしてもその効果は知れている。これこそ百聞は一見にしかずである。

群れへ帰る——なぜ病院で死ぬべきでないか

しかし、なぜ病院で死ぬべきではないのか。これほど多くの人がすでに病院で亡くなっているという現実がある以上、病院での死をもっと改善する方が早いのではないかと思われる方もあるだろう。病院は死に場所としてもっと整備されるべきでないかという議論もあり得るかも知れない。たとえば、ホスピスや緩和ケア病棟のような機能を病院がもっていれば、それでいいのではないか。

私は個人的には病院は死に場所としてはいくら改善しても不適切であると思う。昨今のように病院が治療の効率性を第一に組織され、在院日数をどんどん減らそうとやっきになっている状況ではますますそうである。病院で死のうというのは、定年退職した社員が会社の中で余生を過ごそうというのに等しい。前に書いたように私の義理の叔母は、最期の一ヶ月ほどを病院でほとんど何の処置も受けずに過ごしたが、こういうのは例外であり、よほど病院側に理解があるか、病院と仲のいい患者の場合だけである。病院が、一種の慈善施設として、自立して生活ができなくなった人々の最期の避難所の役割を果たしていた時代は過去の話であり、その種の施設は現代では病院ではなく、グループホームや老人ホームになっている。現代の病院は病気を治療するために高度に特化した機関である。

米国の病院の中で死がどのように扱われているか調査したある人類学者は、米国の病院には、患者の死をじっと待つという機能は存在しないと指摘している。病院は常に一定の目的のために何かをする所であって、なにかが起こることを何もせずにじっと待つ場所ではないのだと。たとえば、移植のための臓器提供者であれば、医療者は生き甲斐を感じ、患者は丁重に扱われるが、そうでなく、ただ緩慢に死ぬだけの患者には居場所がなくなっていく。医療者にとっては当惑の種である。実際、どんどんベッドを移動させられて、行き場所がなくなっていくらしい。

医療者は、医療行為が効力を発揮しない患者に対しては次第に冷淡になる傾向がある。こういうと何か医療関係者の人格を否定するように聞こえるかもしれないが、しかし医療者も人間であるから、自分が行う行為が意味をもたない相手に強い感情移入をするのはなかなか難しい。少なくとも、そういうことができるのは、それまでに十分その人を知っている場合だけである。病院のように専門分化した機関で、主治医や担当看護師が患者を長年知っているというケースは今ではまれである。入院期間が長くても三ヶ月と限定されている昨今の状況ではますますそうで、主治医や看護師は患者の性格も知らなければそれまでの人生も知らない。そんな中で自分が行う医療行為があまり意味がないとなれば、こうした患者のことをあれこれ思いやるのは、医療者にとっては大きなストレスである。

ある医学史家は、一九二〇年代に梅毒を治療するためのマラリア療法が登場すると、医師たちの梅毒患者に対する態度が一変したと指摘している。それまでは、患者に対する侮蔑的な記述が目立ったのが、医師は突然患者を対等な人間として扱い始めたという。自分が何かをしてあげることができる人間に対しては人は感情移入しやすくなるのだろう。だから、医療者が患者に対して抱く職業的同情心を家族や友人が抱くそれと混同してはいけない。治らない人ほど、強い同情心を集めるのが当然と思われるが、実際には逆で、治る人ほど医療者の同情心を集めるのである。

だから、医療者がすることがない、あるいはしても効果がないとなれば、病院にはいない方がよい。病院のように機能本位で組織された機関には、その機能とかかわりのない人間の居場所はない。

もちろん、どんな組織や機関も人間が運営している限りは、ある程度まで、情とか、仲間意識のようなものがあり、入院が長ければ患者も次第にこうした感情共同体の中に入っていくかもしれない。実際、日本の病院はそういう側面を最近までもっていたかもしれない。開業医や慢性疾患の主治医などは、患者とのつきあいが長ければ、職業的な感情移入を超えた同胞意識が芽生えるかもしれない。

私は、仲間意識や同胞意識といった、社会的機能を超えた感情移入の側面は、人間の群れ的側面だと思っている。社会は人工的に作られたメカニズムだが、群れは必ずしもそうではない。長い進化の歴史の中で蓄積された群れ生活に関連するさまざまな感情や行動が、人工的に作られた社会に容易に取って代わられるとは思えない。実際、社会が機能する上では不合理であったり邪魔であったりするさまざまな感情や行動がある。救助現場にかけつけようとする救急隊員が途中で別の被災者の救助にあたってしまうというような話を震災の時にはよく聞いたが、社会的に見れば、それぞれの分担を守って、心を鬼にして目的の現場にかけつけるのが合理的である。しかし、目の前で助けを求める人を無視して、目的地へ無感情にかけつけるのはおそらく多くの人にとって不可能ではないにしても、大変な心的なストレスになる。群れ生活で強化された同じ種の個体に対する同胞意識があるからとしか思えない。シャチに襲われている子鯨を、偶然通りかかったまったく種類の異なる大人の鯨の群れが助けるシーンが放映されて、私などは妙に感動してしまったが、群れで行動する動物の特性の一つなのだろう。これを利他主義的本能と呼ぶべきかどうかわからないが、ともあれ、こういう仲間意識は人間の幸福にとっては必須である。

治療して回復するという社会的目的を卒業したら、人間は最後は群れ生活に戻るべきである。群れは、家族でもいいし、グループホームでもよい、あるいは住み慣れた老人ホームでもよいし、場合によっては一人住まいの自宅でもよい。社会的機能に還元できない人間関係があるところには、群れの性格が残っている。医療機関が高度に社会的に組織されている以上、医療機関にいても意味がない人には、群れ的な性格を残した場所が必要である。だから、介護施設や福祉施設を高度に合理化するのは、動物としての人間の幸福にとっては危険である。手際よく手術を成功させてくれた外科医に我われは感謝するかもしれないが、その人と一緒にいたいとか、一緒に暮らしたいとは思わないだろう。もはや、なすすべがない最期を迎える臨終の床に、有能なお医者さんや、てきぱきと仕事をこなしてくれる看護師さんがいてくれたら幸せという人はいないだろう。病院や社会を出て、群れの中に戻っていく道を残すのは、群れからそのメンバーを借用している社会の最後の役目ではないか。

エッセー3

思いがけないことが起きる自然死

久坂部　羊

私事で恐縮ですが、現在、父が自然死を望みながら自宅で療養しているので、その経過について書いてみます。

父は一九二六年生まれで、現在八十六歳。もともとは麻酔科の医者ですが、六十五歳の定年ですっぱりと仕事をやめ、以後、悠々自適の生活を送っています。

と書くと、潔い身の振り方に思えるかもしれませんが、実態は仕事をいやいや続けてきたので、定年でようやく解放されたというところではないでしょうか。

父は麻雀もゴルフもせず、酒も弱く、車の免許もなく、女性にも縁がなく、世間的に見ればごくつまらない男のようです。その代わりに歴史に詳しく、散歩が趣味で、絵や文章を書くのが好きという、オタクの走りのような人です。

医者としてえらくなるつもりはまったくなく、金儲けにも興味がないので、同級生が教授になろうが、開業して大儲けしようが、どこ吹く風という感じでした。自ずとストレスは少なく、定年後は、毎日、散歩と喫茶店巡りを楽しみ、ときどき母と国内や海外に旅行して、充実した老年ライフを送っていました。

老化に対しても、これまでできたことができなくなっても、苛立つ代わりに笑ってすませます。たとえば、風呂でタオルを絞るのでも、以前はぎゅっと絞れていたのができなくなったり、自転車で赤信号で止まったら、そのままこけてしまったりすると、我ながらおかしいのだそうです。

そういう感覚は、変な言い方かもしれませんが、父がこれまであまり人生に一生懸命でなかったからかもしれません。私から見ても、父はいい加減に生きる人で、ふだんから「いい加減が、よい加減」などとわけのわからないことを言っていました。あまり一生懸命に生きると（すなわち、クソまじめだったり、欲が深かったりすると）、老化を嘆いたり、腹を立てたりしがちですが、ふまじめかつ無欲なので、煩いが少ないのだと思います。

そんな父も、八十歳を超えたころから、死を意識するようになりました。死が恐ろしいとか、死にたくないというのではなく、死に損ねたらどうしようという心配です。いくら無欲といっても、母や私たち夫婦に迷惑をかけたくないという〝欲〟はあり、寝たきりになって、下の世話をしてもらうのはいやだったようです。

父は医者のくせに医療を信用しておらず、極力、病院に行かないことを基本方針としていました。麻酔科医として、外科医の横暴や、過剰な医療で患者が悲惨な目にあうのを、イヤというほど見てきたからでしょう。

ところが、昨年の十月、突如、尿が出なくなり、これぱかりは医療にかからざるを得ず、近くの病院で尿道に管を入れてもらいました。そのとき、ついでに受けさせられた検査で、前立腺がんがわかりました。それを聞いた父は、付き添っていた私に、「これであんまり長生きせんですむな」と笑いました。

診断してくれた医師が熱心な人で、しきりに父に手術を勧めます。父が、「もう年やから、けっこう」と断ると、医師は、「何を言うてるんです。今は九十歳でも積極的に手術しますよ」と譲らず、私は間に立って困りました。たくさん患者さんが待っている市民病院の外来で、医師と父が人生論を闘わせはじめたからです。

私は「家で説得します」と言って、恐縮しつつ父を連れて帰りました。

説得するまでもなく、父の方針が変わらないことはわかっていました。しかし、市民病院の医師が言った「放っておいたら、骨に転移して、かなり痛むかもしれませんよ」という脅し文句が利いたようで、手術はいやだが、ホルモン療法の薬だけはのみたいと言います。私も一応医者ですが、泌尿器科は専門でないので、当てずっぽうで処方をするわけにはいきません。

「治療を断るのに、薬だけ教えてほしいなんて言えない」と言うと、父は不服そうにしていました。父の本音は、死ぬのはいいけれど、痛いのや苦しいのはいやだということでしょう。

市民病院の医師に治療謝絶の連絡を入れると、医師はあきれたようすでしたが、親切にも、「薬だけでものんだらどうです」と、ホルモン療法の処方を教えてくれました。それで父は、機嫌良く薬をのみながら、自宅療養を続けていました。

それから半年余がすぎた今年五月、父は自宅で転倒し、起き上がれなくなりました。おそらく腰椎の圧迫骨折でしょうが、例によって病院に行かないので、症状から判断するしかありません。

私は湿布と鎮痛剤を処方し、父のところに持って行きました。それでも痛みはおさまらず、寝返りするにも激痛があって、トイレにも行けません。痛みのせいでほとんど食事がとれなくなりましたが、それでも病院には行かず、注射も点滴も拒否。数日後には死相が浮かんできました。

私が息子たちといっしょに父の部屋に見舞いに行くと、父はベッド代わりのマッサージチェアに横たわり、かすれる声で言いました。

「もう十分生きたから、（治療は）何もせんでええで。幸せな一生やった」

私はそれを聞いて、ほっとしました。ふだんから死ぬときは自然に任せるとうそぶいていた父が、イザとなったら点滴や胃ろうを求めたらどうしようかと思っていたからです。

父は私の息子たちに握手を求め、これまでのお祖父ちゃん孝行に礼を言ったあと、こう言いました。

「このままやったらあと十日くらいやなぁ。もうすぐ楽になれる」

まだ二十代の息子たちは戸惑っていましたが、横で私がうなずくので、これでいいと納得したようです。母もそばにいましたが、特別、何も言いません。死ぬ間際の医療が患者を苦しめるだけだということを、父も私も常々口にしていましたから、十分理解していたのでしょう。

母は膝が悪く、介護がたいへんなので、両親とも拙宅の座敷に引き取ることにしました。介護ベッドを入れ、テレビやふとんも運び、自然な看取りの用意を整えました。

そこでひとつ問題が発生しました。死亡診断書をだれが書くかということです。父の薬は、私が勤めるクリニックで処方していたので、死亡診断書も私が書けばいいと思っていました。ところが、実の息子では相続や親子の確執問題の可能性があって、警察が介入するかもしれないというのです。

急遽、私は知人に在宅医療を依頼しました。快く引き受けてくれましたが、スケジュールの都合で、初診は一週間後になるといいます。父の衰弱ぶりを見ると、一週間もつかどうかは微妙でした。なにしろ、口から食べるのはフレンチトーストを四分の一枚とか、エンシュアリキッドという栄養補給剤を三分の一本程度で、水分補給も角氷を一日数個だったのですから。もし、最初の診察前に臨終を迎えたら、初診が死亡確認ということになりかねません。それで大丈夫かと心配しましたが、なんとか持ちこたえてくれました。

知人が診察に来たとき、父はこれでいつ死んでも安心とばかりに、笑顔を見せました。そして、「もう長生きはしたくないので、早く楽にしてください」と、簡単に「はい」と言いにくいことを頼み、知人を困惑させていました。次の診察が三週間後だと聞くと、「そのころには、もうおらんわ」とのんきに笑いました。

これで死亡診断書の問題は解決し、父を家で看取る準備が万端整いました。

こう書くと、私がいかにも薄情だとか、無責任だと思う人がいるかもしれませんが、私は父を心から敬愛し（嫌いな面もありますが）、大切に思っているつもりです。だからこそ、自分の我を抑え、ほんとうに父が望むような最期を実現するために努力をしているのです。親をほんとうに大事だと思うなら、まずは自分を抑え、親の希望通りにすることが肝要だと思います。

父がなぜ自然死を求めるのかというと、それは本人も家族も落ち着いて最後の時間を過ごせるからでしょう。医療に頼っていると、症状が変わるたびにあれこれ対応を考えなければなりませんが、自然死では何が起ころうと、すべてあるがままを受け入れられます。痛みがある無理に食べさせようとはしませんし、水分補給も本人の望む量だけにします。

ので体位変換もしませんし、着替えや清拭もすべて本人の希望通りにしました。

母を含め、家族全員が父に感謝し、穏やかな気持でそのときを待ちました。父もみんなに「ありがとう」と言い、庭を見ては「バラがきれいやな」と末期の眼を実感し、「恵まれた人生やった」と微笑みました。

そうやって全員が死を受け入れていたのですが、皮肉なことに、父の容態は徐々に回復してきました。食事の量が増え、フレンチトーストしか食べなかったのが、ご飯を食べ、おかずもエビフライまで食べるようになったのです。

状態の悪いときは、一日の摂取カロリーはおそらく二〇〇から三〇〇キロカロリーだったでしょう。水分も二〇〇ミリリットル程度だったと思います。

よく患者の家族は、食べる量が少ないと心配しますが、放っておいても回復するときは回復することを、父は身をもって証明してくれたようです。体調が悪いときは、むしろ無理に食べさせないほうがいいのかもしれません。

そのうち、父の介護保険の更新時期が来て、介護度は要支援一から一挙に要介護四になりました。

相変わらず治療らしきことは何もせず、血液検査もしませんでした。ところが、食事の量は増えているのに、便がいっこうに出ないのです。本人は別に腹痛を訴えませんし、吐き気もないといいます。おかしいなと思いましたが、死を受け入れているので、父も私も静観していました。

父が便意を訴えたのは、転倒前の最後の排便からちょうど一カ月目でした。尾籠な話で恐縮ですが、「便が出そうだけれど出ない」と言うので、浣腸をすると、液が出るだけで便は出ません。もしやと思って、ゴム手袋をはめて、直腸内をさぐると、粘土のような便がこってり溜まっていました。指で掻き出すと、あとからあとから出て、ドンブリにいっぱいほど取れました。さらにオムツを当てると、粘血便が洗面器にいっぱいほど出ました。便に血が混じったのは、掻き出すときに粘膜を傷つけたからでしょう。鼻血のようなものですから、気にする必要はありません。翌日、翌々日とトマトジュースのような便が続きましたが、三日目にはおさまりました。

私は在宅医療で高齢の患者をたくさん診ていますが、どの家族も、一カ月も便が出ない状態をとても見てはいられません。排便に神経質な人は多く、毎日、あるいは二、三日に一度は出ないとだめだと思い込んでいる人がほとんどです。しかし、それは根拠のない思い込みで、一カ月排便がなくても、別段、支障はないことを、父はこれまた身をもって証明してくれたのです。

母は、父の死を覚悟していたときは何も言いませんでしたが、まだ死にそうにないとわかると、いろいろ気を揉み、下剤をのませては下痢になり、下痢止めをのませては便秘になりを繰り返すので、私は何ものませないほうがいいと言いました。現在は、その方針で週に一度か二度、浣腸もせずにいい便が出ています。

父の元気が回復してきたので、私はケアマネージャーと相談して、訪問リハビリを頼むことにしました。倒れてから一カ月半ほど安静にしていたので、圧迫骨折もすっかり治り、痛みもなくなっていたのです。理学療法士が来て、診察してくれ、手はじめにベッドに座らせると、意外にしゃんとしていました。それで試しにとベッドの横に立たせると、これも問題なく立て、ベッドの前に置いた椅子に移動することもできました。長期間、安静にしすぎると、寝たきりになるのではと心配する人もいますが、これも根拠のない思い込みだったようです（父が大丈夫だったから、ほかの人もそうとはいえませんが）。

食事も、倒れた直後は寝たまま母がスプーンで食べさせていたのを、ベッドの背もたれを起こし、自分で食べてもらうようにしました。そうやって回復しつつあったのですが、父にはそれが精神的な負担になっていたようです。このまま死んで楽になれると思っていたのが、また頑張って生きなければならないので、つらかったのでしょう。

リハビリをはじめた翌週、突然、父は胃液を嘔吐し、食事がとれなくなってしまいました。それればかりか、精神的にも混乱し、「うー、うー、しんどい、しんどい」と絶えずうなるようになりました。お腹も痛がり、母が「大丈夫？」と心配してさすろうとすると、「うるさい！　触るな、黙ってろ」と、怒鳴ったりしました。それまで声を荒らげたことのなかった父ですから、母は驚いて、泣いたり怒ったりしていました。父もいろいろ我慢していたらしく、肉体的な苦痛と相まって、せん妄状態（脳の血流が減少し、一時的な興奮や認知障害を起こすこと）になったようです。

妄想や感情失禁（喜怒哀楽の抑制が利かなくなること）も現れ、「アトロピンを用意しろ。言うきことを聞かんからえらいことになった」と怒ったり（仕事で麻酔をかけているときのことを思い出すようです）、突然、「かわいそうや」と泣き出して、母が「だれが」と聞くと、「杜子春」と答えたりするようになりました。

困ったなと思いましたが、もう少しようすを見ていると、二週間ほどで徐々に落ち着き、また食事がとれるようになりました。うなり声は続いていましたが、冷静な話もできるようになったあと、父は深いため息とともに洩らしました。

「死ぬのが、こんなにしんどいとは思わんかった……」

老人医療の現場で、私は高齢者の死を何度も目の当たりにしています。

だいだい苦しむ人が多いですが、それはあれこれ欲望があったり、執着が強かったりするからのようです。少しでも長生きしたいとか、何々をするまでは死ねないなどと思っていると、心身ともにつらくなります。

さらに、男性の場合は、地位にすがりついたり、自己顕示欲に取り憑かれたりして、自ら老いの困難さを深め、死をいっそう苦しいものにする傾向があります。

また、医療へのあらぬ期待は、悪徳商売やエセ宗教に引っかかるのと同様、時間とお金と体力を浪費させ、挙げ句の果てに泥沼のような悲惨な最期に突き進みます。

そういう意味では、父は男としての欲望や執着が少なく、医療にも頼らないので、楽に死ねるのではないかと思っていましたが、現実はそう甘くありませんでした。

どんなに悪あがきをしなくても、死は一定、苦しいもののようです。なかには苦しまずに〝眠るような最期〟を迎える人もいますが、それは宝くじに当たるようなものです。死が苦しいのは、生物として当たり前のことなのですから。

死の苦しみを恐れ、闇雲に拒絶して、とにかく苦しみたくないなどと目をつぶっていても、現実の死はある程度の苦痛が伴います。少しでも楽に死ぬために、我われにできることは、医療にかかってよけいな苦痛をふやすのを避けることくらいでしょうか。自然死を受け入れることが、いちばん苦痛の少ない死であるのはまちがいないようですが、それでも苦しみがゼロというわけにはいきません。

それ以上に苦痛を消そうとするなら、安楽死するしかありませんが、日本ではまだ法律で禁止されているので、医者に頼めば簡単にやってもらえるわけではありません。

苦痛は、逃れようと思えば思うほど大きくなります。仕方がないものと思い決め、受け入れれば少しは和らぐようです。
覚悟を決める。それが煩いを軽くするいちばんの妙法だと、私は思っています。

（二〇一二年八月記）

《追記》
父はその後、自宅療養を続け、老化現象か認知症かわからない状態になりつつも、ほがらかな日々を過ごし、二〇一三年七月に、自宅で家族に見守られて平穏な死を迎えました。

第4章
講演

「心霊（たましい）」の行方について考える

大村英昭

〈二〇一四年八月一六日　大阪大学中之島センターにて〉

大村英昭です。このフォーラムでは何度かお話をしておりますが、今回のように独演会的なものは始めてです。

以前に大腸がんの手術をしました。腹膜に播種と呼ばれる転移がんがあり、放置すれば八カ月、それを抗がん剤で二年は延ばすことができると医者から言われ、抗がん剤を投与してきました。

抗がん剤は止めました

二年が経過した段階で、血液検査の結果、腫瘍マーカーの数値が悪くなっており、上限は四ですが、それが三三になっていました。その段階で抗がん剤投与の専門医が、現在、投与している抗がん剤が効かなくなっているので分子標的タイプに変更したい。当然きつい抗がん剤になると副作用もあるので、しばらく入院して副作用の程度を考えながら投与すると言われ、入院の手続きまで済ませてくれました。

その言葉に乗ってうかうかと承知しましたが、よく考えると現在の抗がん剤は幸いなことにさほど副作用はない。従来の生活と変わらない生活ができていたから続けられたわけです。きつい抗がん剤に切り替えて、今は何ともないのにあらためて悪くすることもないだろうと思い、考え直してやめました。

法円坂の大阪医療センター（旧国立大阪病院）の倫理委員をしているので、院長や幹部の方々をよく存じ上げています。院長に新しい抗がん剤は使用しないと伝えると、初めは素っ頓狂な顔をしていました。特に症状はなくて数値だけです。もちろんＰＥＴ検査も受けているので、どこそこにがんの可能性があると書いています。お説のとおりがんであったとしたらどういう症状が出るのか。症状が出てきた段階では治療方法はないのか。質問すると、そんなことはないと答えたので、症状が出るまでやめることにしました。

一般の患者さんは断れません。医者から勧められたことを拒否すると見放されてしまうのではという恐れを感じます。それを院長にやかましく言いました。私だからストップをかけられますが、普通の患者さんはできない。患者さんがよく考えて、それでもやめると決めたときは、勝手にしなさいとは絶対に言わないでほしい。私のように決して見放さない。症状が出てきたら私が診るから必ず来なさいと患者さんに伝えてくださいと、倫理委員の責任として念を押しました。

結果的に一切やめています。現在、手術から四年が経過しました。今のところは症状が出ずに済んでいましたが、腫瘍マーカーで悪い数値が出たので、微に入り細にわたって調べてもらうと咽頭がんの可能性が少しだけある。ただし、この程度でそんなに悪い数値が出るはずはない。腫瘍マーカーは信じない。この数値は一切無視すると決めています。

それは気にならないのですが、がんであれば早めに処置した方がよくて、今なら放射線で処置できます。手術となると声帯を取らなければならない。きつい手術になるので、今のうちに検査だけでも受けてくださいと言われ、一〇日前に入院して、病理検査のために声帯の一部をそぎ落として生体検査にかけていますが、まだ結果は出ていません。

声帯をいじられたので今日も声が曇っていますが、入院中は沈黙療法といって声を出してはいけないと言われ、おしゃべりな人間としては難儀しました。声を出せないとイライラします。ストレスがたまりますが我慢していました。

帰ってきて、あと五日間しかなかったので、今日は一人で話せるのかと当初は心配していましたが、日に日に声が出るようになりました。お耳苦しいところがあるかもしれませんが、今日は精一杯の声でお話しさせていただきたいと思います。

「民俗のこころ」に訪ねる

今日のタイトルは「心霊（たましい）」の行方について考える。心霊と書いて「たましい」と読みます。もちろん「魂」でもよいわけですが、これは決定的なものではありません。

専門的に学んだのは社会学で、仏教の教義学の専門家からすれば社会学は外の道と書いて外道です。確かに外の道で、仏教の本線を学んできたわけではありません。ただし仏教の教義を学んだとしても、実は魂や霊のことは教えてくれません。

近代仏教学では、お釈迦さまが死後の世界まで引きずっていくようなもの、つながっているものは霊や魂ということですが、それについてお尋ねがあっても黙して語られなかった。仏教の教理学では語らないのが原則で、むしろタブー域です。純粋仏教学、特に近代仏教学では魂や霊の話はタブーなので、仮に私が宗門大学で仏教学や真宗学を学んだとしても、魂や霊の話は教えてもらえません。

本日、申し上げるのは自信のある議論ではありません。昔から一般的に考えられてきた日本の民俗宗教、フォークレリージョンという言葉を使ってもかまいませんが、高取正男先生のお言葉を賜って――宗教という言葉を使うと、現代人は宗教嫌いの方も少なくないので――、「民俗のこころ」と表現した方がいいと思います。

宗教社会学者、民俗学の知見に学んで、民俗の心について考えてきました。本日は、その線からお話をさせていただきます。

私は浄土真宗の僧侶ですが、浄土真宗においても霊や魂という言葉はほとんど使われておりません。親鸞の著作の中で探しましたが、まったく語られていません。霊という言葉は一言もなく、魂という言葉も使っていません。そういう意味では、大胆に魂の行く末を問うのは、真宗学なり仏教学の立場からいえば極めて大胆なことであり、決して専門知識を持って自信のある話をするわけではありません。

民俗の心として、我われの諸先輩、ご先祖様はこのように考えておられたのではないかという意味で申しているのです。八月は慰霊月間で、今日は送り火の日です。ご先祖の魂を迎えて、それを送りだす。どこに送るのかは明確に知っているわけではない。それでも送る。つまり――はるかにへだたったところではなく――近いところにおられて私たちを守護してくれている。私たちの先輩はそういう感覚を持っていたわけです。で、八月になるとまず六日、九日と続く原爆忌があり、そして八月一二日は例の御巣鷹山ですよね。今年は二九年目、来年は三〇年、私にとっては、年をとった人間からすれば、ついこの間のことのようですが、坂本九さんが日航ジャンボ機の事故で亡くなりました。

亡くなった後に聴くからなおさらですが、「見上げてごらん夜の星を」や「上を向いて歩こう」など、坂本九さんの歌は、なにか哀愁に満ちあふれている。そう感じたことがこの間のことのように思い出せるわけですが、早くも二九年もたっています。それが八月一二日です。

全国戦没者追悼式典

そして八月一五日は、正午には全国民が黙とうしてほしいと厚労省から指示がありました。新聞やテレビで天皇皇后両陛下を拝見しましたが、正面の標柱には「全国戦没者之霊」と記されています。はっきり「霊」と書いています。両陛下が標柱に向かって追悼の式辞を述べられ、次に伊吹衆議院議長があいさつをされました。

天皇陛下は御霊や霊という言葉は一切お使いではありません。「亡き方々の」というお言葉づかいです。ところが伊吹衆議院議長は、はっきりと「ご霊前で」という言葉と「御霊《みたま》に対して申し上げます」とあいさつしました。

三一〇万人という全国戦没者の霊の象徴として一本の柱が立っているわけです。民俗の心からいうと、あらかじめこの標柱に霊をよりつかせておかなければならない。でもそういう宗教儀式はなく——少なくとも、なんの報道もなく——標柱が立っているだけです。

式が終わったらどうするのでしょうか……。ポイと捨てるのですか。いったんお招きしてどこかに帰っていただく。それが民俗の心だと思うのですが……。

今日は送り火ということもあったのでしょう。好きなＮＨＫの「ラジオ深夜便」に続いて朝五時から「ラジオあさいちばん」が始まります。この番組では、聴取者から手紙やメール、ファックスで送られてきた意見をアナウンサーが上手に紹介するコーナーがあります。

ある地方では、一三日に家のお墓に行って、孫がお墓に背中を向けて「ご先祖様、背中に乗ってください」と声をかけ、「よいしょ」といかにも背中に背負っているような格好で家に帰ってくるそうです。一四日と一五日は家に滞在してもらい、その間はご先祖様と一緒で、親戚たちも集まって仏間で飲み食いをしてご先祖様を歓迎して、一六日には孫が、背中に背負った形でお墓へ連れていきます。

その話を紹介すると、それに近いことをしているのでうれしかったという反応があり、アナウンサーが「いかにもお盆らしくて、いい話ですね」と上手に乗せるわけです。

そういうものだと思います。ですから白木の標柱ですが、全国戦没者三一〇万人分の標柱だとしたらよほどのことをしないといけないですよネ。

葬儀が終わると、お仏壇の前に中陰壇を設け、そこにご遺骨を置いて、白い陶器の花立てとロウソク立て、お線香を立てる香炉、すべて白の陶器で、白木の位牌をお骨のところに置きます。他の宗派では戒名、浄土真宗では法名ですが、それを住職が書きます。

もちろん遺骨があるので、その白木の位牌が魂の依り代です。中陰が終わるとどうするか。処理に困ります。いったん魂が乗り移ったものです。むざむざとは捨てられない。お寺に持ってきてくれますが、そんな大きなものはお寺に並べられない。

葬儀業者に中陰壇を片付けてもらい、位牌も業者さんにお渡しください。お仏壇の中には白木のものは入れられません。仏壇店に行くと公式な仏壇用の位牌があるので、塗りの位牌に金文字で法名または戒名を入れて、そこに移します。そういう指示をしますが、ひとたびは魂の依り代にしたものを簡単には捨てられない。普通には、そういうことですから、三一〇万人の魂の標柱であるとすれば、あの柱はどうするのか。不思議でしょうがないわけです。

本願寺派の祖檀納骨

本願寺派には本願寺とは別に西大谷本廟、五条坂を上がるところにご廟所があります。これは親鸞聖人のご廟所です。そこに納骨してもらいます。これが祖壇《そだん》納骨で、親鸞聖人のご廟所と同じところにご先祖のご遺骨を納骨できます。

元禄時代の少し後に知恵のある上人さまが祖壇納骨を発案されて、そういう提案をしました。納骨をするために京の都に行ける。一生に一度は都へ行きたい。そのころになると船便も安全になり、街道筋も通行ができるようになる。例えば豊後から京都の本願寺まで来るには、藩の外に出るのでパスポートが必要になります。本願寺は、納骨のために都に来る人には通行手形を出すように各藩へ命令します。お寺の住職から「道中名号」ももらって、都見物もできる。おまけにご先祖様の供養にもなるわけで、団体ツアーのようなものができました。それが現在まで続いている大谷本廟で、多くの方がご遺骨を本廟に納骨します。

今は立派な事務局ができて、お盆などは呼んでくれるまで並んで待っています。ご丁寧な方は本堂でお勤めをします。納骨だけでもかまいません。白木のご位牌も持っていきます。龍谷大学で真宗学を学んだ本願寺の人たちが受付に並んでいます。魂や霊のことは聞いていない。むしろ軽蔑しているので、来られた方々が持参した白木の位牌を手前に置いている紙くず箱に投げ入れたそうです。持ってきた人は驚いたという話を過去に聞いたことがあります。

難しい教義、仏教を学んだ人たちは、かえって下手をすると民俗の心を逆なでするようなことをしてしまいます。それに対して、「よいしょ」とご先祖様の霊を背負って家に帰った。その差です。地方によってはそんなことをしない地域も多いかもしれませんが、民俗行事として長い間、心映え（こころばえ）としてつないできたのだと思います。

心霊の行方をどう説明するか。行方が定かなのかというと民俗宗教ではあいまいなものです。浄土真宗であれば、はっきりしていて浄土です。浄土往生、それ以外に行くところはありません。しかし、明確に魂が行くとは表現していません。こういう表現になっています。

親鸞においては……

「生死（しょうじ）の苦海ほとりなし　ひさしく沈めるわれらをば　弥陀弘誓（みだぐぜい）の船のみぞ　乗せてかならずわたしける」

もっとも現代人には生死の苦海もわからないかもしれません。この世のことを生死の苦海、苦の海だと表現しています。ひさしく沈んでいる者を浮かばせ、弥陀弘誓の船に乗せてかならず浄土へわたしてくれる。明らかに何かを乗せて渡しますが、それを霊とは表現していない。

次は『歎異抄（たんにしょう）』の第九条です。上のは親鸞聖人のご和讃です。

「名残惜しく思えども、娑婆の縁尽きて、力なくして終わるときに、彼《か》の土へは参るべきなり」

彼《か》の土という表現をしています。何が行くのかは明確にしていません。しかし、もちろん何かが行くわけです。親鸞聖人にとっては明確にする必要はない。沈んでいるものを浮かべていただく。それが如来様の彼岸へ往かしてくださる、そうお誓い下さっているのだというのが浄土真宗の考え方、感じ方です。

そのたましゐ蝶となりて

次に説明しますのは、浄土真宗の文献の中ではめずらしく、「たましい」という言葉が明瞭に使われた例です。蓮如の次女の見玉《けんぎょく》が亡くなりました。昔のことなので火葬して荼毘に付します。蓮如自身ではなく、ある人が夢を見ました。その夢によれば、そのたましいが蝶となって荼毘のむくろの中から飛んでいった。そう夢で見たことを蓮如上人の近辺の人が蓮如に告げたのです。

それを受けて、

「そのたましゐ、蝶となりて法性のそら極楽世界涅槃のみやこへまいりぬる、といえるこころなり、と不審もなく知られたり。(中略)この比丘尼見玉このたびの往生をもって、みなみな真に善知識とおもいて、一切の男女にいたるまで、一念帰命の信心を決定して、仏恩報尽のためには念仏もうされるべきである」

というわけです。

めったにないことに、「たましい」という言葉が蓮如上人の文中に出てきました。探しましたが、唯一これだけです。

さらに、もう一つ覚如というのは、親鸞の曽孫で、三大伝持、三代目の大谷家の宗主です。本願寺宗主の覚如の『報恩講私記』。現在、宗門では報恩講は、お寺、末寺まで含めて浄土真宗では最も大切な行事で、年中行事の一つになっています。覚如がその元になるものを私記という形で書いています。

自分のご先祖である親鸞聖人のことを祖師聖霊（そししょうりょう）と呼びかけ、霊という言葉を使っています。祖師聖霊に対してお祈りの言葉をささげています。御影《ごえい》は魂のことです。本願寺は御影信仰で、正面から入ると左に御影堂、右に阿弥陀堂があります。浄土真宗のご本尊は阿弥陀如来で、末寺ではそうなっていますが、本願寺は御影様が中心です。主たる真宗行事はすべて御影堂で行います。

御開山《ごかいさん》に見ていただいている。寺の人間は育ったときから〝御開山〟と、最初は何のことかと思うほど、親しそうに、そこにいるかのように接しています。各末寺でも、ご本尊である阿弥陀如来の右に、祖師壇《そしだん》と申しますが、御影様を何らかの形で描いています。

御影信仰

親鸞聖人の御影に対してお給仕もいたします。御影様にお供えする食事は、我われが食べるものとは別火で、決して同じ火は使いません。それだけ大切にして、そこにおられるものとしてお給仕をさせていただきます。

これが浄土真宗のあり方であり、本願寺はまさしくその形をとっています。本願寺にお参りするのは、一般の末寺にお参りするのとは意味が違います。御影様にお目にかかるのが目的です。すべては御影様、御開山の崇拝が浄土真宗にとっては大切で、御開山の親鸞の魂がそこにいつもおられる。そこに行けばいつでも会うことができる。それを覚如は祖師聖霊、はっきりと霊という言葉で表現したわけです。

四天王寺や法隆寺で行われる聖徳太子の「聖霊会」、聖なる霊は聖徳太子に使う言葉です。浄土真宗では御開山、親鸞の霊のことで聖霊という言葉を使っています。これはあくまでも浄土真宗という教団の考え方、感じ方です。一般的には、亡くなった方の魂はご遺体から離れてそう遠くないよいところへ往っていただく。そして私たちを見守っていてくれる。これが民俗の心です。

八月一二日は御巣鷹山で日航ジャンボ機の事故。新聞記者にとっては腕の見せ所で、毎回泣かせるような記事を書きます。そこに娘を亡くした父親の記事がありました。二九年も前のことですから、ずい分年配になった両親ですが、その父のほうが病気のために今年は御巣鷹山の尾根までは行けないと思っていたが、一二日が近づいてくると行けると思うようになり、娘の魂に背中を押されて来ることができたと書いてありました。

魂という言葉を使っています。御巣鷹山の尾根に建立された石碑には大きな文字で「昇魂之碑」と書かれています。魂がここから昇っていくとも読めます。キリスト教的には昇天、天国に昇るという意味なのか、よくわかりませんが、この場所に必ず往かなければならない。ということは、昔の感覚ではないような気がします。なぜなら二九年間も当初の亡くなった場所にとどまっているかのように思いなしているからです。

実際、この山に行くのは大変です。今は通りやすくしたそうですが、事故が起こった二九年前は、新聞記者でも行くのが大変で、汗びっしょりになってやっとたどり着くような山の中です。登山道はずいぶんきれいになっているようですが、それでも高齢者にとっては大変です。むしろ、魂の依り代を自分の身近に置く。お仏壇に置いてお祈りをされてもよいと思うのですが……。娘の魂に背中を押されて御巣鷹山まで行く。そういう感覚は、昔の民俗宗教の感覚からは考えにくいのです。

御巣鷹山以上に北朝鮮にも留まっているのか……

もう一つの例として挙げているのは、北朝鮮の領内に放置されている死者の遺骨などです。すでに七〇年が経過しています。死者の魂が七〇年もその場にとどまっていると考えておられるのでしょうか。北朝鮮はそれをよいことにしてお参りするだけでお金を取り、遺骨を持ち帰るとなるとさらにお金を要求しています。しかも、本当にそうなのか。ＤＮ

A鑑定でもしなければわからないはずですが……。

何か混ぜられていてもわかりません。フィリピンで拾骨した中にフィリピン人やアメリカ兵の骨がかなり混ざっていました。あてにならない。これが日本人の遺骨だと言われても信用できないので、現在フィリピンの拾骨作業は頓挫しています。

北朝鮮を悪く言うつもりはありませんが、堂々とお金まで取るところですから、遺族の悲しい感情を利用している。操作しているとしか思えない。第一、なぜ、その場に長い間とどまっているのでしょうか。なぜ、懐かしい故郷に魂は飛んで帰っていると考えられないのか。私にはわからない。

話を日本にもどしますと、次のような少年のことが想いだされます。楠本憲吉さんは料亭「なだ万」の後継者ですが、俳人としても有名な方です。戦時中は、軍隊の中で、連隊長から兵隊のすさんだ心を慰めるために俳句を教えてやってくれと言われ、ずいぶん楽をさせてもらいましたと帰ってから語っています。

楠本さんは、戦後の上町、夕陽《ゆうひ》が丘から眼下の焼け野原をながめて、自分に何ができるかと考えたそうです。そして、荒れた中学生や小学校高学年の国語の先生たちに呼びかけて俳句を募集しました。国語の先生の協力を得て俳句の指導をします。よい俳句には自ら添削してその少年たちと手紙のやり取りをしたそうです。

「天国はもう秋ですか、お父さん」

昭和四〇年の晩夏に私の父親が亡くなり、中陰（四十九日）の間に偶然にラジオ番組にふれました。楠本さんが出演していて、アナウンサーの質問に答えています。何千、何万とご覧になった少年たちの俳句の中で、心に残るものを一つだけ挙げてくださいという要求に、しばらく考え込まれた楠本さんが、やおら「天国はもう秋ですか、お父さん」とおっしゃった。私も父親が死んでつらかった時期だったので、それを聞いてピンときました。寝転がっていましたが、正座しました。

俳句として上手なわけではないと楠本さんが話を継いでいきます。当時、この俳句が岩手県から届いて何かを感じたそうです。俳句を書いたのは中学生で、彼に「よかったら、おじさんに俳句ができた背景、状況を知らせてくれないか。そうすれば一層趣が深くなる」と手紙を書いて出すと返事が返ってきました。

当時、東北の人たちの多くは季節労働者として出稼ぎに行き、正月とお盆だけお土産をたくさん持って帰ってきます。その中学生のお父さんも、お盆に帰ると告げて出稼ぎに行きましたが、横浜の飯場で爆発事故のために父親が亡くなります。急いで来てほしいと連絡があり、母親と彼とが慌てて横浜まで行きました。爆発事故だったので見てもらえるようなご遺体ではない、かえって悲しみが増すだろうと、事業所の所長の計らいで火葬にした遺骨を渡されます。仕方がないので、それを持って岩手に帰ってきたそうです。

これは楠本さんの言葉です。お盆が過ぎて、岩手の秋は早く村では秋の収穫祭の練習をしている。にぎやかな村の中で、自分の家には遺骨しかない。それを見ながら思わず詠んだのでしょう。ここは、もう秋なんですが……。天国も秋ですかと。「天国はもう秋ですかお父さん」。こういうものを参考に考えたい。

幸いなことに、御巣鷹にしても北朝鮮にしても遺骨だけはあります。東北大震災で、気の毒なのは、いまだに行方不明でご遺体が見つかっていない人たちです。きれいな白骨になっているのと、遺骨すらもないのは大きな違いがあります。

日本語として魂と命は明瞭に使い分けてきました。「度肝を抜かれる」と同じ意味で「たまげる」という言葉があります。漢字にすると「魂消る」で、消えるか解けるかのどちらかです。魂は身体から離れて自由になります。それが魂という言葉の用語法です。

一方、命は身体から離れられない。身体が終わると命も果てます。「輪廻生死の果てなれば」という言葉がありますが、これは命のことです。生死の苦界ほとりなし、輪廻六道してきたけれど、死ぬということはその果てであるという意味ですが、これは命のことであって魂ではありません。魂は身体を離れて、自由になれるのです。

拾骨儀式

私の理解では、火葬して骨拾いをするのが、儀礼的な意味でも、とても重要です。命の終わり、果てたと痛切に思わせてくれて、あきらめがつきます。非常に大事な儀式だと思います。私の実体験でもありますが、嘆き悲しんでいても、骨拾いを済ませると何となく変わります。ホッとします。あきらめられます。

骨拾いは儀礼的なしぐさに満ちあふれています。箸渡しは、「乗せてかならずわたしける」と同じことで、此岸から彼岸へ、生死の苦界の世界から違う世界へ橋を渡る。箸も昔は桃の木と決まっていました。夫婦であれば一本ずつ箸を持って協力して拾います。しかも順番があります。骨壺の中に順番に入れて最後にのど仏を入れます。これが儀式的に行われます。これを済ませると、なんとなく心が変わります。これを経ていないとけじめがつかない。

これは、わが宗門の有名な『白骨の御文章』の一節です。

「夜半（よわ）の煙となしはてぬれば、ただ白骨のみぞ残れり。あはれというもなかなかおろかなり」

昔は夕べに火屋（火葬場）に運んで一晩かけて焼いて翌日に骨拾いをします。それを「夜半の煙となしはてぬれば」という言葉で表現しています。

現在は非常に短くて一時間半です。日本の遺骨は見事な焼きかげんで、骨片が残っていて、どの部位かもわか

骨拾いの儀式

拾骨儀式

ります。よくできていますが、この状態で散骨するのは禁止されています。

最近は簡便になっていて、「夜半の煙となしはてぬれば、ただ白骨のみぞ残れり」、これほど趣はありませんが、それでも遺骨をご覧になるとけじめがつきます。あきらめがつきます。ご遺体から魂が離れていったと思うことができます。

魂魄この世にとどまり

それとは反対なのが「魂魄この世にとどまりて、怨み晴らさでおくべきか」。これは仇討ちの論理ですよね。『忠臣蔵』が典型的な物語です。大石内蔵助以下四十七士は、高輪の泉岳寺にある浅野内匠頭の墓所に来て、討ち取った吉良上野介の首を供えます。そのときに「泉下《せんか》の殿、ご照覧あれ。四十七士が憎き吉良上野介の首を討ち取ってきました」と報告します。

泉下とは黄泉の国という意味です。今は黄泉の国に沈んでいて、まだ成仏していない。「魂魄この世にとどまりて、怨み晴らさでおくべきか」です。ところが、大石らの努力で首を供えたことで安心して成仏できる、そういう意味です。

現在、気にしているのは被害者のご遺族で、しばしば加害者の極刑を求めます。娘さんが三人の男に殺され、一名は無期懲役で二名は死刑の判決が出ました。娘さんの母親は三人とも極刑にしてほしいと控訴をするそうです。はたして亡くなった人の思いを正しく受け止めておられるのか。私にはわかりませんが、むしろ、かたき討ちの論理が働いているのだと思います。


次に、硫黄島の遺骨の問題を靖国神社問題と絡めてお話し申し上げたい。戦前は、お国のために亡くなった人は靖国神社に祀られて神になります。これを修身で教えています。国を挙げて天皇教の一つとしての靖国。靖国は他の神社と違って最後まで陸・海軍省の付属機関です。あくまで軍隊の機関です。戦死した人たちは神になると魂の国家管理を進めました。

でも当初から、民俗の心として、成仏はしないのかという思いとの間にズレがあったはずです。人々の心として、戦死された方たちの魂の行く末を明確に信じられたかどうかは、にわかには判定できません。ただ、修身教育に組み込んで教えているので、相当な効果があったと認めざるをえないと思います。

靖国神社と碧血碑

靖国神社の前身は招魂社《しょうこんしゃ》で明治天皇の命でできたものですが、官軍だけを祀っています。その伝統は現在の靖国神社にまで続いています。官軍だけなので、例えば、土方歳三は祀られていません。幕府側の例えば、小栗上野介のような偉大な方も祀られてはいません。

我われの若い仲間の一人は、賊軍、殺した敵の遺体は埋葬を禁止しています。鳥獣、野犬の餌食にせよと埋葬禁止令を出しました。函館戦争のときも、抵抗した榎本武揚の配下や旧新撰組の人たちの死体が転がったままで、それを放置せよと言うのです。幕末の官軍の所業を問題にされています。官軍からすると

ところが、それに怒る人がいました。柳川熊吉《やながわくまきち》という幕末の侠客です。柳川熊吉は二〇〇人の子分を動員し、日蓮宗の僧と協力して賊軍側の遺体を埋葬して碧血碑《へきけつひ》を建立しました。私は実際に見てきました。函館に行ったときは見てあげてください。英雄が死んだと

きには、血が碧いという中国の古典があるそうで、碧血碑を建立しています。

また、清水港には壮士の墓があります。東京湾で咸臨丸が座礁、沈没しました。咸臨丸は幕府側の船なので賊軍です。乗組員の多くが溺死して清水港に流れ着きました。司令部は鳥獣の餌食にしろと放置したままです。それに怒ったのが山本長五郎、いわゆる清水次郎長で、子分を動員して壮士の墓として遺体を埋葬しました。「ほとけに、官も賊もあるか」というのが、むしろ本来の武士道からくる思いでしょう。正規軍より、かえって侠客たちのほうに、武士道精神が生きていたわけです。

反対に、当時官軍側にあった反武士《もののふ》的心こそが靖国神社へとつながっている精神ではないでしょうか。司馬遼太郎先生は、戦場で戦った敵を弔うこと、それが武士道であり、それをしないと戦いは終わらない。放置しておくのは武士道の精神に反しています。

一九七四年、靖国神社の宮司の独断でA級戦犯の人たちを霊璽簿《れいじぼ》に記して神にしたために、それ以降、天皇皇后両陛下は靖国に参拝できなくなりました。

靖国が大切であるならば、両陛下が行かれて当然で、行けなくしているのはA級戦犯合祀のせいだから、霊璽簿から削除すべきだ、分祀するしかない。こういう発言をしている政治家もいます。

合祀もわかりませんが、分祀はどういうことなのか。そもそも合祀とは何か。人の魂を何と思っているのか。霊璽簿に名前を記して最後に命（みこと）と付すだけです。それで神にしました。いったん一緒に入れたものを、政治家が抜けというのはどういうことなのか。そんな軽々薄々たるものですか。どうでもいいようなことですか。それはいけないでしょう。

私の門徒さんで海に沈んでいる方がいます。三度も応召されています。最初に応召されて帰ってきて、また応召されて、とうとう三回目の昭和一九年の末に出て行きました。その方の息子さんによると、殺されに行ったようなもので、船が沈没させられました。靖国から霊璽簿に合祀したとの知らせがあったそうですが、行かないと言われていました。

輸送艦の名前がわかっているので沈んだ場所も特定できるそうです。これは息子さんの奥さんから聞いたことですが、沈んだ場所へ行くツアーがあったので夫婦で一緒に行くと、息子さんは大きな声で「親父」と叫び、親父が好きだったからと日本酒を海にまいて泣いたそうです。リアリティーとはそういうものなのか。私は寺の住職として、お位牌に魂を招いて供養をしているつもりですが、リアリティーは現地に行かないと感じない。それがとても痛々しく、よくわかりました。

硫黄島《いおうとう》が問題になっています。何度も映画になり、硫黄島での激戦はあまりにも有名ですが、アメリカの海兵隊の犠牲者も最も多い場所です。海兵隊も驚いた。これだけ空爆すれば降参するだろうと思っていたら、塹壕を掘って抵抗する。栗田中将が遺族にあてた手紙が有名ですが、現在、自衛隊の協力もあり、遺骨収集をするために政府を挙げて硫黄島の遺骨収集団を結成しています。

遺骨を持ち帰ってどうするのか、私もわからない。特定できればご遺族の元に遺骨をお返しするのかもしれませんが、全部を特定することはできない。そうなると多くは千鳥ケ淵（戦没者墓苑）に納めることになるのではないか。

靖国神社 対 千鳥ケ淵戦没者墓苑

日本国の首相なり官僚の人たちは、終戦の日に靖国に行かれるようです。「みんなで靖国神社に参拝する国会議員の会」がテレビに映っていました。それに対し、アメリカ合衆国のケリー国務長官と防衛大臣は、まるで面当てのように花束を持って千鳥ケ淵に行き、参拝して礼を尽くしていました。無名戦士の墓であり、敵も味方もなく合祀してある「千鳥ヶ淵」こそが、アメリカにある海軍墓地などとも同じ精神のものだと考えてのことでしょう。日本の政治家にもそういう心をもっていただきたいものだと私は思います。

わが教団を含めて多くの仏教教団は、靖国ではなくて千鳥ケ淵で供養のお勤めをしています。戦没者の供養は千鳥ケ淵で行うのが多くの仏教教団の考え方です。ここに納めるということは、「護国の鬼」であっても、成仏していただくために祈っているという形になると思います。

人々は、神になって靖国に行っておられると本気で思っているのか。これはかなり疑問のあるところです。懐かしい故郷に帰ってくる。ご遺骨が帰ってくれば、故郷のお墓に入れる。故郷のお寺にお納めする。本人が帰りたがっていた場所に帰ってくるという感覚の方が、よほどリアリティーがあると私は愚考します。にもかかわらず、国会議員の先生方は、遺族会向けのアピールかどうかは知りませんが、靖国、靖国とおっしゃっているのは理解に苦しむところです。

「千の風になって」という曲がはやりました。教会のコーラス隊でもよく歌われています。もともとの作品はキリスト教的なものです。日本では新井満さんが訳していますが、元の曲とは違う訳になっています。

もう一つは復活信仰の発端。イエスが十字架上で亡くなり、その遺骸を納めた墓所に女弟子たちが行くと、天使の声で、そんなところにイエスはいません。お墓の中に私はいません。それが復活信仰の発端にあります。非常に近いので、日本の教会の女性コーラス隊も、「千の風になって」を好んで歌われるのだと思います。

民俗宗教は、本来、霊のたたりを恐れていた部分があります。現在、たたりを恐れるという感覚はありません。それは、遠い先祖霊ではなく、近い先祖、身近な親や祖父母、この段階までしか視野に入っていないのです。身近で親しい人たちがたたるなんて感覚は持てません。むしろ、おかげを喜ぶ。私は「おかげ&たたりコンプレックス」と表現していますが、昔は問題なのは、むしろたたる側であり、おかげはさほど問題にはなりません。

メモリアリズムと遺骨新宗教

先祖崇拝の形が変化してきたことをフリードマンは「メモリアリズム（私的追憶）」と呼んでいます。身近な人の追憶・思い出にかけて、あの人はどこに行ったのかという感覚で問いかけているという含みです。

近しい人のたたらない心霊、魂が、変幻自在に形を変えて常に自分を見守ってくれている。そういう曲になっています。千の風にもなり、星にもなり、氷にもなり、雪にもなって、お墓の中にはいない。そういう歌です。

この歌がはやり、紅白歌合戦の後、新しい年の初めにお墓参りに行こうとしたら、この歌を思い出して、じゃあ……、どこに行けばよいのか。そういうマンガが出て笑わせてもらいましたが、結局はお墓へ行きます。近くにいるといっても、きれいに歌われているので歌としてはいいですが、善男善女はお墓へ行きます。

遺骨新宗教と書いている理由は、無宗教であっても遺骨は大切にします。これは間違いありません。かつ、遺骨に亡き人の魂を固着させてしまっています。いとしい人であればあるほど、どこにも行かない。その典型が手元供養です。

尼崎の脱線事故で、関西学院の大学院の学生と一緒にインタビューの調査に出向いたことがあります。そのおかげで、今でも親しくお付き合いをしているご夫妻がいます。娘さんを亡くしました。後悔しています。「あのときに止めておけばよかった。〝もう時間だから急いで〟と言ったのが悔やまれる」と奥さんは泣いていました。お墓はありますが、入れたくないからと娘さんの遺骨を手元供養されています。

インターネットで「手元供養」で検索するとグッズが山ほど売られています。花立てや写真立て、お香もたけるようにセットになっています。遺骨をプライベートルームのたんすの上に置いて手放そうとしない。これが手元供養です。

考えてみてほしいのは、娘さんの魂はお母さんの未練の中に閉じ込めたままです。これでは魂はよいところへ行けません。手元供養をしていたのでは、かえって娘は浮かばれない。せめてお墓に入れようとご主人が言ったら、あなたは冷たいと言われたそうですが、そんなことはなくて、ご主人も本当は悲しんでおられます。

次に〝自然葬〟と呼ばれていますが、現実には散骨葬です。山にも用意はありますが、八割は海への散骨。安田睦彦さんが設立した「ＮＰＯ法人葬送の自由をすすめる会」は、会費三〇〇〇円で会員登録をすると、その場所へ行く費用は別途かかりますが、亡くなると所定の海や山に散骨してくれます。

骨片のままでは散骨できないので骨を細かく砕きます。年四回発行している『再生』という小冊子には、会へのお礼の言葉や感想が載っています。押しなべて砕骨を怖がっています。砕骨をしなければいけないとはうかつだった。親父を傷つけているようで手が震えた。そういうことを書いている方が多いです。それほど遺骨は大切なものです。亡き人の魂そのものであり、それを砕いているように思います。

結果的に、安田さんの意見とは異なりますが、遺骨新宗教の一つのバリエーションではないか。悠久の大自然に帰っていかれた。私の妻は悠久の大自然の中で静かに眠っている。そう思いたいとしても、なぜそこに遺骨灰をまく必要があるのか。遺骨灰に魂をくっつける。そういう気持ちを強化しているという点では遺骨新宗教と変わらない。一つのバリエーションにすぎない。

彼らはお墓を作るのは環境破壊だと言いますが、ゴルフ場の方がよっぽど環境破壊だと思います。墓地なんてたかがしれています。しかも、遺骨に魂がやどっているというような意識を高めれば、お墓を作った人は遺骨をお墓に入れ、お墓に供養に行くという気持ちがさらに強まる。遺骨新宗教という点では変わらないと思っています。それほど革新的なものではありません。

火葬化の波が押しよせると……

一方、「おくりびと」という映画はエンバーミングの一ヴァリエーションです。米国は基本的には土葬です。台湾も韓国も土葬の国です。土葬するには宗教的な理由があります。韓国の場合は、風水で立派な土まんじゅうをこしらえます。遺体を埋葬するので大きいです。火葬にするのは墓地を狭くするためです。

韓国では、大阪の吹田丘陵のように見えるところは土まんじゅうだらけで、それをどかさないと何も建てられない。大都市近辺に人口が集中し、その間をぬってマンションが建ちます。絵に描いたようになっています。困った政府は火葬に補助金を出しています。台湾でもアメリカでも火葬が増えており、アメリカも近年は八〇％近くが火葬です。

一昔前まで、エンバーミングを施し、ご遺体をきれいに飾って棺桶に入れて、皆でお別れをして埋葬します。エンバーミングは復活信仰、その間は復活の秋《とき》を待って安息しています。きれいにするのは、そういう深い理由があります。

「おくりびと」は、それのマネで、エンバーミングに近い。それを日本風に味付けしています。だから外国でも受けます。外国では盛んにやってきたことです。ところが火葬になるわけです。何がどうなりますか。復活が消えます。復活信仰も壊れます。復活信仰を抜いたキリスト教とは、一体何なのでしょう……。私にはよく判りません。

第4章
対談

日本仏教と「供養」

大村英昭
釈　徹宗

〈二〇一四年八月一六日　大阪大学中之島センターにて〉

大村　釈徹宗先生は、浄土真宗本願寺派のお寺「如来寺」の後継者であり、NPO法人リライフの代表でもあります。お寺の近くの古民家を改造して認知症高齢者のためのグループホーム「むつみ庵」を創設、信徒さんがスタッフとなり認知症の方々のお世話を行っています。和風の日本家屋で、バリアフリーにはしていませんが、それがかえって入所している方たちのケアという点では決して悪くはない。むしろ日本家屋のよさがあり、外国の方も見学に来られるそうです。

一方では宗教学の先生でもあられます。最近もご活躍されていますが、神戸女学院におられた内田樹先生のご指導もあり、幅広く日本の宗教事情に通じ、今日は民俗の心について申し上げましたが、浄土真宗の教義学にも造詣の深い先生です。

現在、相愛大学の中心メンバーのお一人で、最近は落語の師匠をお招きして落語を通して仏教を考える。ＮＨＫ・Ｅテレで放映されていますが、そういう方面でもご活躍されています。また、友人や先輩・後輩たちとネットワークを構築し、幅広く交流されています。

釈　ありがとうございます。先生、「心霊（たましい）の行方について考える」のご講演、お疲れさまでした。以前と変わりなくご健勝で、少しは皆さんも安心されたのではないかと思います。ご講演は多岐にわたりましたので、冒頭の民俗のこころから終盤の遺骨埋葬に至るまで、順を追ってやり取りをしていきたいと思います。

死を超えてもなお続く生命のストーリー

釈　まずは死を超えるストーリー、死では終わらない物語に注目したいと思います。息を引き取った瞬間にその人のすべてが終わるわけではない。何らかの連鎖が続きます。世界中、どの文化圏、どの民族においても、死では終わらないストーリーがある。しかし、死を超えてもなお続く生命のストーリーには大きく分けて二つあると思っています。一つは、特定の道を歩むからこそ見えてくる光景、リアルに感じることのできるストーリーがあります。

例えば、念仏すれば往生できるというストーリーが一切ないところに、お念仏による救いは成り立たないわけです。念仏者の道を歩み続ける中で、浄土という来世が開けてくる。そしてこれは、同じ道を歩む者同士特有の喜びがあります。同じ生命のストーリーを共有する喜びですね。

一方、民俗の心はそういう前提を必要としない。例えば亡くなった方の魂が蝶になって飛んでいくというのも、死を超えるストーリーです。こちらは、ある種、多くの人が共感可能です。仏道を歩んでいるから共感できる、キリスト教の教えを受けているから共感できるというものではなく、直観的に共感できるストーリーです。

東日本大震災が起こった二〇一一年のお盆に、自宅が津波で壊れたままで、住むところもないのに被災地に戻り、竹の先に提灯をつけて、海岸沿いに立てている人たちがいました。霊魂が海から帰ってくるための目印です。「目印がないと、迷う」と語っていました。

「民俗のこころ」になったストーリーとそれすら失った現代人

釈　これはこの列島に住む人々のかなり古層にある「死では終わらないストーリー」でしょう。仏教が入ってくるはるか以前から、神道《しんとう》が成立するはるか以前からあったと思われます。逆にいえば、仏教ほどよくできた宗教体系が入ってきてもなお壊れなかった部分です。それほど血肉化している。

我われの文化圏の生命のストーリーは、いろんなものが繰り返し上書きされていて、はっきりとしていない。山中他界あり、海上他界あり、仏教の輪廻あり、儒教あり、道教あり、とにかく混在している。この世界と異界とを、行ったり来たりする信仰も根強い。とにかくスッキリしないわけです。

特定の信仰を明確に持っている人は生死のストーリーが比較的スッキリしているのですが、そうでない人はかなりぼんやりしています。そのぼんやりしたものを、そのままにしてきたところがユニークでして、これはなかなかたいしたものです。

ところが、この部分も壊れてきたところに現代人のしんどさがあります。宗教体系による死のストーリーもスッキリしない。その地域独特の死のストーリーも崩れている。どこにコミットすればよいのか。

死の物語が枯れていく一方で、現代人は終末期医療等について自己決定をしなければいけないので、死生観が求められています。現代社会は、現代人一人ひとりに死生観を持てと要請しているのです。

このあたりに、現代人特有のしんどさがあるような気がしますが、いかがでしょうか。

大村　死んだら無、終わりとは思えない。これは多くの方がわかると思います。近しい人の思い出が心の中に残ります。幸いなことに浄土真宗にご縁があり、父の追憶にかけて、父の魂は浄土へ行けたのではないか。そういうことを含めて考え続けました。

「人は、思い出残す、時の旅人ね」という歌詞があります。

釈　初めて聴きましたが、何という曲ですか。

大村　ラジオ深夜便（ＮＨＫ）の歌で、神野美伽さんが歌っています（「もう一度恋をしながら」作詞・荒木とよひさ)。

亡き人がいとしいほど、その人はどうなったのか。つまり、心霊の行く末を自分の死生観にかけて問い続ける。でも、一般には、そうはなさらないようです。葬儀をして丁重に供養をしたつもりでも、今の方は感動してくれない。自分のこととして死んだら終わりと、あっさり言われる方が多いです。

最近では平均寿命と健康寿命とを区別しており、男性では八年ほど差があります。要介護期間が長く、その間は健康ではない状態で生きています。九〇代の方の面倒を六〇代の息子夫婦が見て、亡くなって葬儀をすると、いとおしむ、悲しむというよりも、異口同音に「苦しまずに逝ってくれたのでホッとしました。やれやれです」。そこで「あなたもいずれは行くことになる。お父さまの思い出にかけて、そういうことを考えてみませんか」とは言いにくい。

手元供養でいつまでも遺骨に執着していたら浮かばれない。昔は周囲の人が言ってくれたわけです。不明瞭ですが、未練の中に閉じ込めていては浮かばれない。早く解放してよいところへ行ってもらいましょう。そういう感覚はいろんな人から教えられました。ところが今はそういうことを言ってくれる人はいません。

釈　ストーリーの語り手がいなくなったということですね。宗教者はそういう役割を担っているのでしょうが、その語りにリアリティがないのでしょう。また、それぞれの地域の語りもない。周囲の人が言う、ということがないのは、各地域の様式が崩れたからでしょう。

大村　寺の人間としては、よいところへ行っていただきたいと願って供養の祈りをするしかない。それがどこかというと浄土真宗になってしまう。

自分自身は明確な宗派のイデオロギー、ストーリーを持っていますが、それを押しつけようとは思わない。よい思い出を頭に描き、法事で集うたびに亡くなった方の思い出話をする。法事のたびにあなたの心の中に帰ってきているでしょう。そう申し上げるのが精一杯です。

釈　大村先生ならではの語りですね。教団宗教者でありながら、あたかも民間宗教者のような役目を果たされている。それが地域の住職の二枚腰的な奥行きですね。

いずれにしても、死生観を共有した喜びは何物にも代えがたいことは間違いないでしょう。例えば、家族で同じ宗教ストーリーに沿って暮らしているというのは、かなり幸せな状態です。先進諸国でも、八五%くらいは同じ宗教同士で結婚します。それは、家族が生と死のストーリーを共有することの重要性を示しています。

私が死んだらどうなるの

大村　有名な湯川秀樹先生のお弟子にあたる人で、甲南大学理学部の先生をされた人がいます。大先輩ですが、京大助手の時代に娘さんを亡くしました。当時は理学部の助手だったので、科学的には死んだら終わり、死んだらゴミになるだけだと内心では思っていたそうです。

思春期の娘さんで、信頼できる父親ですから、弱々しい声で、私が死んだらどうなるのと尋ねられたそうです。今の方は勇気がある。といいますか、自分のこととしては死んだら終わり、ゴミになるだけだと思っている。自分のこととしては言えると思いますが、娘さんから尋ねられたら、ゴミになるなんてとても言えない。口から出まかせで、「いいところに行くよ。お父さんもすぐに行くから待っていてね」と言ったそうです。
口から出まかせなので、後から気になって浄土真宗で勉強されて、いまは、我われには、大村さん、お浄土があってよかったねと言われました。

釈　蓮如の手紙、見玉《けんぎょく》の話がありましたが、見玉は蓮如が若いときに喝食（かつじき）に出しています。食べていけないのでお寺の下働きに出す。具合が悪くなってから帰ってきましたが、二六歳で亡くなります。
それまで見玉は別派の仏道の教えを学んでいましたが、結局、蓮如と同じ道を歩むことになったのでしょう。悲しみとともに喜びが感じられます。宗教の持つバインド力、死さえも超えてつながっている。リアルにつながっていると実感できるのは宗教の領域ならではではないでしょうか。

大村　魂が蝶となってというのは人づてに聞いた夢の話ですが、蓮如自身が看取っています。看取ったときの見玉の生き方、最後、死ぬときのありさまと考え合わせるから間違いないと断言するわけです。

釈　そういった宗教的直観はよくわかります。ただ難しいのは、仏教は「無我」の立場に立つというところです。これが厄介です。無我とは、永遠不滅の実体（アートマン）などない、という立場です。つまり、仏教は霊魂を説かない、といった面があるわけです。仏教では、執着から離れるための立ち位置として無我を説きます。これは宗教体系としては、特異な存在といえます。インド文化圏の宗教でも仏教以外は、我（アートマン）という本体があってそれが輪廻を繰り返すという生命観・存在論に立ちます。だから、そこから脱出する（解脱）を説くのがインド文化圏の宗教の特徴となります。しかし、仏教は我を否定します。では仏教は輪廻や来世を説かないのかというと、それは認めるのです。ややこしいです。かなり無理がありまして、論理的な整合性は破綻します。

我というような物質的な存在は否定しますが、認識といった心の働きの連鎖は転変しながら続くというのですね。情報というか、心のエネルギーというか、そういうものです。これはなかなか実感できません。

無我説 対 日本仏教

釈 無我を説いて、なおかつ死を超えるストーリーを説くのは困難でして、きちんとした理論はあるもののうまく伝わらない。ここが仏教の厄介なところです。

とにかく、ポイントは「仏教はなぜ無我を説いたのか」にあります。それはわれわれの執着を解体するためです。人間は自分というものにすがりついてしまいます。私は認知症の方とも関わっていますが、認知症になってもなお自分にすがります。そして、そこにすがる限り苦しみから解放されない。だから無我を説く必然性が生まれてきました。

その一方で、無我に立つと、死では終わらないストーリーが成り立ちません。ここでつまずいてしまいます。一応、そこにはいろいろと理屈があります。「仮名人」とかね。また、我のようなもの（有）を認める仏教が主流だった時代もあります。「有部《うぶ》」というグループでして、かつてはインド文化圏において大きな派となっていました。現在の世界の仏教は、無我を説くのが主流です。このあたり、ひとくちに仏教といっても、ある程度の幅があり、さらには各文化圏によって異なる部分もある。日本仏教は日本仏教のユニークなところがあって、そこは私自身、とても惹かれています。

例えば東日本大震災が起こったときに、上座部仏教の人たちと話をしました。私が大震災で苦悩する人々のお話をすると、上座部仏教の人たちは「坊さんのくせに何を言っているのか。世の中は思い通りにならないとお釈迦様が二五〇〇年前に説いている。突然の事態で死んでいかねばならない、それが人間ではないか」と言うわけです。

もちろん、それはよくわかっているのですが、そう切って捨てられない情緒の部分がある。いわば宗教的情念のような部分を捨てないところに、日本仏教の面白さがあるのではないか。

仏教は本来ドライな宗教ですが、日本仏教はともに泣くようなウエットさがあります。仏教の本来の理念でいえば切り捨てられるような部分も手放せない。

大村先生がよく言われるように、人間の存在ははかない（これは仏教が説いています）、しかしはかないからこそいとおしい。はかないからこそ美しい。はかないとは、つまらないものという意味ではない。ほうっておくと簡単に壊れるからこそ、皆で手を携えて常にケアをしていく。その方向に展開した日本仏教のユニークさを感じます。そのあたり、先生はどのようにお考えでしょうか。

大村　上座部仏教が説いている無我説についてはまるで尊重していません。ついていけない。というより、「依他起性《えたきしょう》」とか言われるけれども、これって社会科学でいってる相互依存システムより以上のことではないと考えています。

釈　無我説は間違っているということですか。

大村　いや因果関係論も含めて、たいした話じゃないと思ってるんです。六道輪廻《ろくどうりんね》をしているのは何なのか。六道輪廻をする主体は何かというと識《しき》である。識と心はどういう関係なのかというと識が浄化されること。そういうことを言います。それなら私たちが言っていることと変わらない。

釈　阿頼耶識《あらやしき》（人間の根本にある識）が輪廻するとか、そんな教養もあります。

大村　そういう妙なことを言います。それは屁理屈です。

釈　確かに理屈的にはきつい。また「それなら科学と同じ」というご指摘は、考えねばならない重要なポイントですね。

大村　もっとはっきりして、親鸞は、主体、執着はすべて煩悩、泣くのも煩悩です。弥陀《みだ》一仏《いちぶつ》の彼岸は執着のあるものこそ救おうとしている。それをいろんな形で表現しています。理屈では、亡くなるということは、ストーリーからいっても成仏道に入っていかれる晴れの門出なので、お葬式のときは立派な金襴緞子の七条袈裟を着けて僧侶が出てくるわけです。

釈　往生・成仏された式ということで、今でもお葬式でお赤飯を炊く地域もあります。

大村　理屈とすれば、成仏道に行かれる晴れの門出で、むしろこの世が苦の世界、生死の苦海。「娑婆永却（しゃばようごう）の苦をすてて、浄土無為を期（ご）する」ことですから、成仏される道へ入られるということで、めでたいという考え方もある。ただし、そうは思えないからこその凡夫ですが……。

死に別れるということは、「このたびが輪廻生死のはてなれば、なげきも悲しみももっともふかかるべきについて、後枕にならびいて悲歎嗚咽し、左右に群集して恋慕涕泣《れんぼていきゅう》すとも、さらにそれによるべからず。さなからんこそ凡夫げもなくて、ほとんど他力往生の機には不相応なるかやともきらはれつべけれ」と。

仏教と人情の相剋

大村　「恋慕涕泣」しても、浄土往生の妨げにはならない。それも全部わかったうえでの如来彼岸だとおっしゃいます。もっと面白い言葉を使っているのは、そういう悲しみもなく、めでたいと言っている人は、凡夫げもなくて、ほとんど他力往生の機には不相応なるがゆえに嫌われる。

そこから進めて、如来様にお任せするのですから、坊さんによる死者供養はそれこそ、上座部仏教によればいらざることでしょう。でも、それも、我われの煩悩です。煩悩を認めるからこそ、煩悩があるがゆえに如来様が立っておられる。そういう表現を親鸞はされています。

釈　死生観や宗教は、教え（ロゴス）の部分だけでは成り立っていなくて情緒（パトス）の部分があります。宗教は決してロゴスだけでは成り立たない。感情や宗教的情緒の部分パトスがあり、そこに前例踏襲をしてきたエトスの部分があり、この三つが宗教の屋台骨を支えていると思います。

お赤飯を炊く地域では、死んだのは悲しいことではなく浄土往生を遂げたからお赤飯を炊く。お赤飯と唐辛子汁（涙汁）が出されます。ロゴスでいえば成仏をしたのでお赤飯を炊きますが、愛する人を亡くした悲しみは断ちがたい。そこで辛汁が辛いということを体裁にして泣くそうです。

ロゴスとパトスが一つになって地域独特のエトスが成り立っている。そう考えると、死は一見、冷徹な事実であるが、もう一面では大変豊かな文化でもある。その豊かな死の文化が急速に痩せている。現代人は死の文化が痩せているから、どう死と向き合えばよいのか。どう死んでいけばよいのか。それを自分で決めなければならないというしんどさがあると思います。

ところで、私自身は、無我の立ち位置を「仏道を歩む場合、ぎりぎりまで手放せない」と思っています。無我というのは、死を超えるストーリーの一番のカナメを封じ手にされている。無我は、仏教が我われに出した宿題のようなものです。解いてみろというわけです。

「我はない。でも死を超えていけ」といった宿題でして、一休さんの「このはし渡るべからず」のようなものです。はしを渡らずに来いとなれば、簡単に着地させてもらえない。我われは宙吊りにされます。

これぞ仏教が得意の手法です。簡単に答えが出ない、理屈じゃ解決しない。そこをもがいてもがいて、死と向き合って生き抜け、見事死にきってみせろ。そう問いかけているのではないか。無我と死を超えるストーリー、並び立たないところをどう引き受けるか。これも仏道の要諦のひとつだと思います。

大村　上座部仏教式の原理主義を私はあっさり放棄してます。もっと嫌なのは、お釈迦様のお悟りの内容だと称して四諦八正道（したいはっしょうどう）、八正道を歩むことが悟りへの道だ。しかしいくら読んでみても、これってただの徳目に過ぎない。これがお釈迦様の悟りならいらない。あっさり捨てています。

釈　四諦八正道も捨てますか。

大村　捨てている。ナンセンスです。お釈迦様は何を言っているか。親鸞は「如来所以興出世唯説弥陀本願海（にょらいしょいこうしゅっせゆいせつみだほんがんかい）」、これしかない。弥陀一仏の彼岸を我われにお知らせいただく。そのためにお釈迦様はご出世された。それ以外の理由はない。

釈　大村先生は、浄土真宗のパトスあふれる道を歩んでおられるのですね。本願の教えの道を歩む人にとってはそれこそが究極の救いになります。

もうひとついいですか。すべての人たちが仏道を歩んでいるわけではないので、私は「死んだら仏」というは納得がいかないのです。死んだら誰もが仏《ほとけ》になる、というのは仏教ではないでしょう。

そう考える一方で、「死ねば仏《ほとけ》というのは、日本人の宗教性を根源的に支えている」ことをありありと実感もしています。もしかすると、日本人が平気で「無宗教だ」などと言えるのは、「死ねば仏」が支えているような気がする。でも、それは仏教ではない。

大村　民俗の心です。

釈　なるほど、そうですね。

大村　父親は原理主義者だったので、仏（ブツ）をホトケというのはおかしいとよく言ってましたが……。

釈　民俗学でも議論があります。「ほとけ」は、死者に供える食物をのせる「フトキ」からきているとか、生命が「ほどける」からきているとか。

大村　仏（ブツ）は覚者という意味、悟った者で、ホトケとは読まない。漢字ではブツ（音読み）としか読めない。それを勝手に日本人はホトケと読んだわけです。これには諸説ありますが、「死ねば仏《ほとけ》」が効いていると思います。民俗の知恵です。

釈　そうか、仏（ブツ）とは別の意味でホトケか。それなら「死んだら仏」もいけそうですね（笑）。我われの人生は大きな生命の流れの結び目みたいなもので、息を引き取るとそれがほどけて大きな流れへと帰る。これは多くの人が共有可能でしょう。

大村　死んだら仏というのは、生きているときは悪いやつだったが死んだら仏《ほとけ》だといった感じで、すべてをチャラにするという意味でしょう。

恩讐の彼方

大村　『銭形平次』という番組で、死体を見ながらさんざん悪口を言っている子分に平次が、「そんなことを言うな、死んだら仏だ」。それを見て原理主義者の親父は、なぜ死んだら仏なのかと怒っていましたが、死んだら仏だから恩讐の彼方、怨み辛みはチャラにしてあげる。これはよいセンスだと思っています。

釈　大村先生のお父さんは真宗ロゴスの強い人だったんですね。ずいぶん先生とは違う（笑）。確かに、日本の宗教文化の古層を掘り当てるとキリスト教のような原罪がない。性善説でも性悪説でもない。いわばニュートラル状態、白紙還元です。基本的にはすべて白紙に戻るという原理。

大村　チャラになる。

釈　チャラになる、白紙還元されるというのは、我われの宗教文化の根底にある。では、遺骨や埋葬にお話を進めましょう。社会学でも宗教学でも民俗学でも、日本の遺骨信仰は突出しており、これほど遺骨に執着する文化圏はめずらしいと言われています。ところが、これも怪しくなってきました。「葬送の自由をすすめる会」は今、宗教学者の島田裕巳先生が会長になっていますが、「0葬（ぜろそう）」を提案しています。現在は、火加減を調節して骨を残しています。ところが、生きている人間にとって遺骨は厄介で、思いがこもっている人にとっては大切なものですが、思いのない人は始末に困る。お墓以外に埋葬するところがない。灰になるまで焼いて火葬場で処分してもらって持ち帰らない。そうすれば苦がゼロになる。

よく知られた日本人の遺骨信仰も様変わりしてきたと感じるときがありますが、そのあたりはいかがですか。

大村　私といっしょにアーヴィン・ゴフマンの著作を読んだリー・トンプソンさんは、ポートランド出身の人で母親が亡くなりました。アメリカ人ではめずらしく長年連れ添ったご夫妻で、父親に一度だけお会いしましたが、ハイスクールの校長先生をしていた父親の発案で、エンバーミングのような葬儀はしない。火葬すると決めて簡単なお別れ会をして火葬場に送り込んだそうです。

『モリー先生との火曜日』

大村　その実体験をトンプソンさんが見事な日本語で説明してくれる。奥さんが日本人なので日本語を見事に操れます。彼の表現をそのまま使いますが、灰になっているので骨拾いもない。日本では骨壺に大事そうに入れますが、完全に灰になったものを弁当箱のような入れ物に入れてポイと渡された。それを受け取った父親が「しまった。えらいことをした」と言ったそうです。

ポートランドは周囲にきれいな山があって、友人が所有する山で散骨することになっていました。そこに行くことになっていましたが、兄弟だけで行ってくれと言って、父親は行かない。兄弟で行って散骨すると灰なので風が吹くと飛んでしまう。一つだけまっすぐに飛んだものがあって、何かと思って拾うと母親の金歯だった。金歯は溶けずにそのまま残っていました。

トンプソンさんの兄は牧師さんですが、彼の表現ではクレージーな教団の牧師で、散骨した場所に来年も来よう。ここに来れば母親に会える。まじめにその場所でお祈りをしている。日本でいう一周忌に行ったそうです。墓標も何もないから、このあたりだろうという場所で兄がミサを行って、自分はそんな感じはしなかったが、兄は母親に会えたと言っていたそうです。帰ってきて見事な日本語で報告してくれました。

ミッチ・アルボムの『モリー先生との火曜日』(一九九七年、別宮貞徳訳、NHK出版、二〇〇四年)はベストセラーになって、教育テレビでもドキュメンタリードラマとして放映されました。社会学者のモリー・シュワルツ教授が死ぬ間際に、毎週火曜日に会いに来ていた元生徒のミッチ・アルボムに人生のことを語った。

シュワルツはユダヤ人ですが火葬にしてもらう。ユダヤの人はいまだに火葬を嫌がっていると思っていた。

釈　しばしば「ユダヤ教は来世のストーリーのない、めずらしいタイプの宗教だ」などと言われますね。

大村　そう思っていたら、なんと火葬する。お墓の場所も決めて、墓標に書く文字も決めている。お墓でものを考えているから、火曜日に会いにきて話しかけてほしい。聞いてく

『モリー先生との火曜日』

れるのですか。もちろんだ。これがベストセラーになった『モリー先生との火曜日』の最後です。

釈　先生の教え子のトンプソンさんの父親は、灰になるまで焼いて散骨すればよいと語った。ところが死は個人に収まらない。死は、ある種の共鳴現象を起こして周りの人を巻き込む。その問題があります。葬儀プランナーの人に聞いた話ですが、散骨した人が一年後に「あの、そろそろ一周忌なんですけど、どうすればいいでしょうか」と相談に来ることがよくあるそうです。

とにかく、たかがしれた現代人の賢しらな知恵で、死をとらえたような気分になっているのは具合が悪い。やはり、死の生み出す振動をキャッチできる心と身体が大事です。死は共鳴し、個人の心身にとどまらない。死という一線を超えても、なお生み出すものがあります。

人間は意味の動物なので、ストーリーに沿って生きて、ストーリーに沿って死んでいきます。死では終わらないストーリーに我が身をゆだねる。ここが決定的に大事です。死の領域はどこまで行っても不可知ですので、突き詰めると神や仏にお任せするしかない。それが宗教的態度に行き着くはずです。ストーリーに沿って生きているからこそ見える世界です。

大村　ストーリーのない人はどうなるか。

釈　それが現代人のきついところです。かつては身の周りにたくさんあった死のストーリーがどんどん枯れていく。終活（人生の終末への活動）などと言っていますが、その大半は「情報」です。自分の死後の指示書に過ぎないものが大部分。

考えてみれば、現代社会はそもそも死を前提としていない。これはかなり前から指摘されています。例えば高度成長期に建てた団地のエレベーターは棺を載せられない。上階の方が亡くなると棺を立てなければ載せられない。つまり死を前提として都市を形成していない。そういう具合の悪さがあって、死のストーリーが次々と枯れていく。ここに来てあらためて社会から突き付けられている現代人のしんどさがあると思います。

私はこの会に何度か参加していますが、「死の情報」に終始せず、「死の物語」にも取り組んでおられるところに敬意をもっています。現代人は死の物語を求めている、これは間

『モリー先生との火曜日』

違いないところです。なぜならそこがダメになっているからです。ぜひこれからも「死では終わらない物語」の面にも向き合い続けていただきたいと思います。

山中　時間がまいったようなので、先生方のコメントやフロアからのご質問を受けたいと思います。ありがとうございました。

まずは石飛先生から簡単なコメントをいただきます。石飛先生は二〇一一年『口から食べられなくなったらどうしますか「平穏死」のすすめ』を出版、その直後にこのフォーラムにお招きして大変面白い話を聴かせていただきました。石飛先生は著名な血管外科医で、その後、世田谷の老人ホームに行かれて人生の最後の場面を

ある団地のエレベーター

ご覧になられ、そこで医療の問題を考え直されました。このフォーラムにはたびたび来ていただいております。

石飛　半世紀、外科の医者で、急性期病院で、手術を受けないと、命を粗末にするのではないと偉そうなことを言ってきた、言葉は悪いですが、延命治療の権化でした。もともと消化器外科で、がんを直せないとその患者さんの部屋に行けない。治せた患者さんの部屋には行くのに、先のない負け戦の戦友の部屋には足が遠のきます。

還暦のころになると自分が情けなくなり、いずれ自分も逝くのに、こんなことでよいのか。人間、還暦とはよく言ったもので、そのころからそんなことを考え始めます。病というピンチを一緒に乗り越えてトンネルを抜けてきた戦友が次々と自然の摂理で老いて衰える。日本は世界一の高齢社会なので、急性期病院にはそういう人たちが次々と来ます。人間の考えた科学、医療はどこまで役に立つのか。自問自答をするようになりました。

おかしいと思っていたところに、常勤の医者を置いている「世田谷区立特別養護老人ホーム芦花ホーム」で、常勤の先生が病気で倒れて行く人がいない。行けば舞台裏がわかるかもしれないと行くことにしました。

『「平穏死」のすすめ』

石飛　そこで見たのは、口から食べられなくなっても、内視鏡を使って胃に穴を開け、宇宙食のようなもので栄養を補給してどこまでも命を延ばしていく。ムンクの「叫び」のような、手足が拘縮してきてものも言えない人に液体を入れて生き延びてもらう。あの人たちの姿を見たときに、自分たちは間違っていると思いました。

それで書いたのが『「平穏死」のすすめ』で、正確には二〇一〇年だったかもしれません。これは弁護士さんと一緒に作った言葉です。人間は年をとると死んでしまいます。年寄りも生かさなければならない。日本は保護責任者遺棄致死罪という刑法がありますから。加えて命は地球よりも重い。

身体だけではなくて人間は心の生き物です。まさに、大村先生が書かれた『日本人の心の習慣　鎮めの文化論』（日本放送出版協会、一九九七年）を読んで心が鎮められるような気がしました。そんなときに大阪大学の山中教授から話を聴きに来ないかとお誘いを受けました。

それからいつの間にか四年。そのころから大村先生は、自分はがんで先は長くない。腹膜播種だと言われて、明日死ぬかもしれない人の話は貴重だからと今回も来ましたが、お元気なので当分は聴かせてもらえるかもしれないと思っています。

芦花ホームでは、大阪大学で教わった影響もあるのか、宗旨替えをして半分お坊さんのようなことをしています。特別養護老人ホームは、認知症の介護に疲れ果てた、介護地獄の駆け込み寺です。家族の本音は、もういいじゃないか。芦花ホームでは九割以上の人を何もしないで看取っています。かつては延命治療の権化の医者でした。そうなれたのは大阪大学のおかげだと思っています。

大村先生の影響もあるのか、暇があると田舎に帰って墓の掃除をしています。教科書代を倍にごまかしたこともあります。向こうに行ったら全部ばれているに違いないと思って、墓の掃除をして点数を稼いでいます。向こうに行くのが怖いのではなくて懐かしい。行って昔のことを白状して、向こうで一緒に酒が飲めればと思っています。

親父はもう一つ田舎に立派な墓を建てています。私は六人きょうだいの末っ子で、長男はフィリピンで戦死しました。兵隊に取られたのだから仕方がないと思いますが、兵隊に行かせてルソン島で亡くなってしまった。親父は、長男を殺したのは自分だと、立派な墓を建てています。
最近、姉に墓はどうするのかと尋ねると、立派な墓があるから悩むことはない。あの中は空だからお兄さんと一緒に入りなさい。子どものころにいじめられた兄とまた一緒になるのか。最初は抵抗がありましたが最近は、大村先生の影響かどうかは知りませんが、それもいいいと思っています。

山中　ありがとうございました。
続いて、石蔵先生お願いします。石蔵先生は、前回のフォーラム「続・男もつらいよ」でお話をいただきました。「夫源病」という言葉を広めた方で、もともと同僚で大阪大学の先生でしたが、今は大阪松陰女子大学におられます。

石蔵　今日は発言するとは思わずに、こんなラフな格好で来てしまいました。申し訳ありません。
「生き方・死に方」、向こうに行くという研究会をして長いですが、そのたびに、大村先生ががんになったから早くやろう。大村先生の話が聴けなくなる。もう四年たちましたが

（笑）、医者が誤診したのではないかと思うほど元気です。なぜ元気かというと目標を持っているからです。目標を持って生きると免疫力も上がるので、がんが逃げていきます。

死に方についての本を書いていますが、少し前の方は、生活はしんどかったと思いますが、死に方は楽でした。なぜなら、医療が発達していなかったからです。医療が発達するのはよいことですが、石飛先生がいなかったら大変なことになっていたと思います。石飛先生が四年前に平穏死を唱えてから、七〇～八〇代以上の方々の医療に対して疑問が出てきました。これが大きなエポックメーキングになりました。

メンタル面の仕事をしていますが、不安感のある方が多いです。若い人が多いですが、なぜ不安になるのか。皆さん方の年代になると不安感になる三つの要素があります。一つは目的がない。どこへ向かうかわからない。

例としてはよくないですが、特攻隊の方々が「靖国で会いましょう」というのは、行き場所があることが心の支えになったのではないかと思います。お盆には帰ってきてどこかで会いましょう。これがあれば不安感が一つ減ります。

これもよくない例ですが、生きているのが苦しいから死を選ぶわけです。夏場は冷房がないと寝苦しい。冷房や暖房がなければ、年をとってくると生きるのがしんどくなります。

快適になってきたから、苦しさがなくなり、向こうには行きたくない。苦しさを味わうべきだと思います。例えば冷房を消す。暖房を消す。働く。動く。毎日がしんどいと早く迎えが来ればと思います。毎日しんどいことをすると向こうに行くのが楽になるような気がします。

暇があると要らないことを考える

石蔵　もう一つは暇があることです。暇があると要らないことを考える。不安感が出てきます。特に男性の方は、六〇歳定年、六五歳定年、そこから一五年ほど暇な時間ができるので自分の体の不調ばかりを考える。五〇代後半に脳卒中で倒れたら、死なんて考えていなかったから幸せな死に方をされたと思います。世間から離れて社会活動ができなくなり、暇になったことで、次はどうするか。自分の体はどうなるか。そればかりを考える。

この三つの要素を宗教家と医者、社会学者が一緒になって考えると、素直に浄土でも天国でも行けると思うので、どこに行くか、死んだらどこで会うか、そういう話を宗教家の方とする。そして楽な生活はしない。特に男性は奥さんに食事を作ってもらうばかりではいけない。
最近、『男のええ加減料理　六〇歳からの超入門書』（講談社、二〇一四年）がよく売れています。帰りに紀伊国屋書店にでも寄っていただければ平積みされています。自転車をこいで電気をつくる原始力発電もやっています。
毎日やることを考えて暇をなくす。生きているのがつらいぐらいに毎日を追いこんでいく。これが往生につながるのではないかと思うので、楽な生活はしない方がいいと思います。

山中　ありがとうございました。
フォーラムの関係者としては最後になりますが、伊藤先生、よろしくお願いします。石蔵先生と伊藤先生は男性問題の専門家で、前回はそういうフォーラムでした。

伊藤　大村先生、釈先生、興味深いお話で楽しかったです。
五年前の夏にこの会場で「生き方死に方を考える社会フォーラム」が開かれたときに、

大村先生が悟りきったようなお話をされて感激した記憶があります。そのお話をされたひと月後にがんが発見されて、生き方死に方を考える社会フォーラムから、死に方を考える議論が本格化したと思います。

死が怖くなくなる

伊藤　十数年前に胃がんで死にかけて、五年延命率三〇％を何とか生き延びています。大村さんからも、あのときは死ぬと思っていたと言われ、近所の人たちも痩せ細ってすぐに死ぬだろうと思っていたようですが、しぶとく生きています。

そのときも申し上げたように、死ぬのは怖かったのですが、死にかけてから死ぬのが怖くなくなりました。ただ、今日のテーマである「心霊（たましい）」の行方までは考えられない。もしかしたら死についてシャッターを下ろしているのかもしれませんが、死が怖くなくなるという不思議な経験をしました。

メディア研究をしていて朝の連続テレビドラマを見ていますが、「花子とアン」は初めて子どもが亡くなるという展開で、ドラマとしてどう処理をしていくのか。ある種の執着、未練の中に閉じこもっている人たちをどうするのか。そういうところまで来るわけですが、亡くなった子どもの思いが虹で表現されて、ある面では癒される。

これは、大村先生が言われていた鎮めの宗教というか、現代社会はいろんなものであおられている。あおられている中で、それを鎮めるのが宗教の役目で、前半は鎮めの物語としての部分があると思いながら聴いていました。

釈先生も、死はめでたいとは言いすぎかもしれませんが、浄土への門出だという流れでお話をされると思っていましたが、浄土真宗からはかなりずれていて、むしろ日本の民俗宗教。

本来、浄土真宗は魂や霊魂は教義的に否定していると思います。大村先生が、民俗宗教、教理としての仏教とは違うところで魂の問題をお話になったのでショックを受けています。宗教学者として言ってきたことと同時に、社会学者、人文学者としてやってこられた日本の魂の扱い方、魂との共生の仕方、そういう問題を浄土真宗とは違うところでお話を始めておられる。

それは、今日はお話にならなかった「近代仏教学の不思議」という部分だと思いますが、余命宣告をされながら新しい分野に踏み出すことにショックを感じました。でも、今日、大村先生は踏み出したと宣告したわけですから、近代仏教学の不思議という大村先生が一生をかけてこられた浄土真宗の問題と日本の民俗宗教の問題に、これからどうかたをつけていくか。今後のご活躍を期待して締めたいと思います。

エッセー4

親父との約束

石飛幸三

冬の空気の澄んだ日に芦花ホームの屋上に上がると、関東平野の西、丹沢の山並みの向こうに、富士山がくっきりと見えます。私は時折、凍てつくような寒さのなかを屋上に出て、富士の裾に沈む夕日を眺めます。

そんな時、決まって想うのが父のことです。

私は父が四十の時の六番目の末っ子、怖い父でしたがかわいがってくれました。私が「医者になりたい」と言うと、一冊の手帳を作ったようです。私を東京に出して慶応の医学部を卒業させるまでにいくらお金がかかったか、そこにはすべて記録されていました。

家は、出雲街道を南に下って広島まであと少しの町にある呉服屋でした。「誰のお陰で学校に行けるのか、それは店を支えている店員のお陰だ」といつも親父に言い聞かされていました。ですから、学生時代休暇に入ると、私は店の人たちを少しでも助けるために呉服の届けや集金をしました。今のように舗装なんかされていない砂利道を、自転車を漕いで埃まみれになって、時には十里（約四十キロ）先まで行きました。

大学を卒業して医者になってドイツで働いて血管外科の技術を身につけて何時の間にか三〇代も終わりに近くなったころでした。

久しぶりに広島に帰ってお正月、奥の部屋の炬燵で両親とみかんを食べながら話しをしました。父はそろそろ自分の老いを感じ始めていたのだと思います。

父「いくら給料をもらっている？」

私「月三十万ぐらいだよ」

父「おまえを東京へ行かせたのは失敗だった。そんなことでは元が取れないな。広島へ帰って開業しないか。資金の援助はするぞ」

かなり真剣なやり取りでした。結局私は断りました。血管外科医の道を中断するわけにいかなかったのです。

すると突然母が言いました。

「お父さんがこんなに頼んでいるのに、それがきけないのならもういい。あんたの墓はこちらにないと思いなさい」

久しぶりに聞いた強いお袋の一喝でした。親父の手前私を叱りながら、結局は私をかばってくれたのだと思います。

その時私は思いました。散々これまで親の臑《すね》をかじって来た。この両親の恩は忘れてはいけない。自分なりの方法で世の中に返さなければならないと。

それから数年後、父がもう八十近くになった頃でした。父は私に言ったのです。「俺は糖尿病だ。いずれ心筋梗塞か脳梗塞で倒れるだろう。〝よいよい〟（意識不明）になったら、俺に余計なことをするんじゃないぞ」

私は「ああ」と答えました。

数年後、父は正に脳梗塞で倒れました。

母から電話が入りました。「町の先生に診てもらっているが、呼吸が苦しそうだ。一刻も早く帰って来て欲しい」

私はとっさに気管切開の道具をカバンに詰め、羽田で事情を説明して手荷物チェックを通してもらって、夕方、実家にたどり着きました。

自宅の離れで、父は苦しそうにあえいでいました。呼びかけても応答はありません。「なんとかして」と母や姉からせがまれ、懇願された私は親父の気管切開をしました。呼吸は楽になったので、母も姉もほっとした顔をしました。

しかし意識は戻りませんでした。経鼻胃管で栄養を補給し続けましたが、六ヵ月後に父は息を引き取りました。

あの時、父の容態をみた私は、医者として、家族として、気管切開をして呼吸を楽にできてよかったと思ったのですが、その後、父のことを考えるたび、本当にあれでよかったのかと思います。「意識不明になったら、俺に余計なことをするんじゃないぞ」という父の意思に背いたのですから。

男の約束、それは何があっても破ってはならないもの。ですから親父との約束を破った自分が許せないのです。人生の意味を考えれば考える程、その約束の重さを感じるのです。

いくらでも約束を破った言い訳はできるでしょう。「苦しそうな様子を見過ごすわけにはいかなかった。お袋にも頼まれた。あれは医者として当然の処置だった」と。

しかしあの時も私は、本当は、親父との約束を忘れていたわけではなかったのです。医者としての自分の立場を考え、お袋や、姉や、生きている人との関係を優先して〝賢く〟振る舞ったのです。

本当の男はそんな妥協はしない。バカだと言われようが、損をしようが、自分だけが許せる道を行く。男の値打ちは自分が一番判っている。

結局俺はそれができなかった。それだけの人間でしかなかった。その事がやはり許せない。その思いがその後の自分に何時までも重くのしかかっているように思います。

何時の間にか自分の番も終わりが近くなると、思うことは親のことです。親から子へ、子から孫へ代々繋がって行く命、濃いいようであり、淡い、時に裏切り、自立して旅立ち、また最期に繋がって行く。結局は甘い、懐かしいもの、また甘えている子供としての自分を感じるのです。

子どものころから、私はいつも父の言うことを素直に聞く息子でした。だからこそ、父は私に言い残したのではなかったか。その私が最後にやったことは、父の意思に背くことだったのではなかったか。

人生なんて本当に〝あっという間〟です。いつの間にか私も喜寿を迎え、親父に会いにいくでしょう。会ったら、父は開口一番にこう言うに違いありません。

「なんだ、お前は。俺との約束を破ったじゃないか」と。

ふと思い出します。

私は物心つく頃から、毎朝親父が仏壇に向って、「それ、人間の浮生なる相をつらつら観ずるに、おほよそはかなきものはこの世の始中終、まぼろしのごとくなる一期なり。……」と、あの〝白骨のご文章〟を唱えるのを、横に座らされて聞かされていました。そのうちお経を覚えてしまいました。抑揚まで親父そっくりに唱えるようなりました。正に安芸門徒一家でした。

今改めてその〝ご文章〟の続きを読んでみますと、

「さればいまだ万歳の人身を受けたりということをきかず、一生過ぎやすし。いまにいたりてたれか百年の形体をたもつべきや。われや先、人や先、今日ともしらず、明日ともしらず、おくれさきだつ人はもとのしづくすえの露よりもしげしといへり。されば朝には紅顔ありて夕には白骨となれる身なり。……」

考えてみればその頃の親父はまだ五十歳前でした。

時代はまだ太平洋戦争前夜でした。

そして時が流れました。一番上の兄貴が戦争に行って死にました。親父と兄貴はよく喧嘩をしていました。兄貴が死んだ後、親父は戦争に行かせた自分を責め続けました。

約半世紀、外科の医者として「なに手術を受けない？　命を粗末にするんじゃない！」と偉そうに患者を頭から煽って来た私は、六年前から老衰に医療がどこまで介入すべきか疑問を覚え、特別養護老人ホームの医師になって働いています。そこで見たことを本に書きました。

私が死というものと真剣に向き合い、〝当人の意思〟を深く考えるようになったのは、親父との約束に対する自分自身のジレンマがきっかけになっていると思います。「平穏死」という死の迎え方を世の中にわかってもらおうとする私の気持ちの奥底には、私自身の葛藤があるように思います。

父はよく碁を打っていました。かたわらには火鉢があり、いつも鉄瓶がシュンシュンと音を立てていました。鉄瓶を空焚きさせてしまわないようにと、寺の小坊主よろしく水を汲んでくるのが、幼い頃の私の務めでした。

今は機会があれば帰省して、せっせと墓掃除をする。かみさんに言わせると掃除になっていないそうですが。

そうして思います、自分の墓をこの隅に置かしてもらえるか、やはり東京へ作らねばならないのかと。

東京にはもう一つのこだわりがあります。

三十三年勤めた急性期病院の定款違反の内部告発、巨大な組織の隠蔽工作、その渦の中でみた権謀術策、功利的な生き方への違和感、そこで自分を支えることができたのは、結局は自分のことは自分が一番判っている、頼れるのは自分だけだという思いだと思います。この逆境を通して、呉服屋のボンボンが一皮むけたように思います。何をしたかと言うよりもどう生きるか、どうも本当の男の道はこれでなければいけない。やっぱり、放っとけ、俺の人生だ！

（二〇一二年八月二一日　記）

あとがき

仮に通読していただいたとして、最後にある「心霊（たましい）の行方について」及びそれをめぐる対論やコメントに、ある種の違和感をもたれたのではなかろうか。誰一人経験したこともない死後の世界を云々することは、もとより経験科学の守備範囲から大きく逸《そ》れているし、そもそも死者の心霊（たましい）が存在するかに看做すこと自体、ことに世俗化社会に生きる大抵の現代人にとって納得できるところではあるまい。

だが一方、そんな現代人の間ですら、死後の世界なんてない、「死んだらゴミになるだけだ」などと言い切れる人は意外に少ないのではなかろうか。確かに、誰しもはっきりしたことは言えないにしろ、縁ある人の心にはなにほどかの残影は残るだろうから、死によってすべてが無に帰してしまうと考えるほうが、むしろ無理がある。少なくとも、人類史上、現代人が棲息《せいそく》するよりはるかに長い期間、人びとはいのち果てた先に、心霊（たましい）がそこに往く異次元の世界があると想定し、それを前提にしてこの世の生を営んできたはずである。もちろん、――本書第一章に説明した図式に従えば――こういった異次元の存在者はすべからく、人びとが共謀して支え合っている、典型的なフレームド・リアリティ（framed reality）に違いない。したがって、極論すれば、人びとがあると思えばあるし、ないと思えばなくなってしまう体の覚束ない存在ではある。

ただし、現代人の多くが信憑している科学的世界観に依拠してもなお、異次元の世界がないと断言することはできない。経験科学によってはその存在が証明できないということは言えても、だから存在しないとは言えないわけだ。ここに、昔の人びとが感じないで済んだ、現代人に特有の不安が胚胎《はいたい》するだろう。現に、日常平穏無事に暮らせている間はともかく、一度《ひとたび》、非日常的な苦難に見舞われるなら、やれ〝不浄霊〟のせいだ、いや祀られない先祖霊のせいだ、といった言説に惑わされる人はいまにも少なくないようである。

唯一「信心」のみを来世における救済条件に掲げ、体系的な教義を整序しつつあった浄土真宗においてすら、では、その「信心」をいただく暇もなく死んだあの子はどこかで〝迷っている〟のか……と疑問を投げかける親たちが輩出することになった次第が、江戸期の

「小児往生」論争を紐解くことによって推察することができる。実際、筆者の僧侶としての実体験からいって、いまでも頑是無い子に先立たれた親たちは、めったに起こらないことだけであるだけに、より一層、不安を掻き立てられるようである。しかも、この不安につけ込んで、いわゆる〝浄霊〟供養（？）をこととする〝拝み屋〟のような存在が巷間、結構いることも知ったのだった。

それほどでなくても、いかがだろう。たとえば、殺された子供の遺体発見場所に花や線香を手向けるひとがいる一方、その子の学校では「天国の○○チャン」式に呼びかける声が行き交うのではなかろうか。そういえば、現代人でも、亡き人の遺骨だけはいやに丁寧に扱う。というのも、その遺骨に亡き人の心霊（たましい）が宿っている――もっと言えば、ほかに往くところがない――と思念されているからだろうか。筆者が「遺骨新宗教」と呼ぶ含意は、かえって昔のひとたちのほうが、亡き人の心霊（たましい）がいつまでも遺骨に固着して離れられないかのようには看做していなかったと思うからである。いずれにせよ、みなが共有してこそ安定するはずのフレームド・リアリティが、こと死後のことや心霊のことに関して、大いに動揺しているといわざるを得ない。で、こんな折に、経験科学としてできることといえば、現にある社会現象を通して垣間見える人びとの心象風景を推察することである。ことに、災害や事故などによる不運な死をめぐって、人びと、ことに近親者が現実にとっている態度を客観的に観察することで、彼や彼女の心の中をのぞき見るよりほかにはないであろう。

具体的には、第三章の「死に場所を求めて」に続けて、まずは葬儀式が、自宅葬から、葬儀業者が設営している施設（会館）へと移ってきたことに注目しよう。一昔前には、近親者のみならず、近隣住民の多くが死者の出た家に集まり、ムラの仕来《しきた》りに従った手順で営まれた葬儀式。それが、都市圏にはじまる地域社会の疎遠化にともなって、いまでは地方に行っても、業者主導の合理的な会館葬が主流になりつつある。ちょうど、病院死が八割を超える事情にも似て、会館葬も、おそらく八割を超えるようになっているわけだ。

ただし、この間、人間さまの葬儀が——極端には一切の宗教儀式を除いた〝直葬〟へと——いよいよ〝地味化〟する一方、ペットのほうは、それなりの宗教儀式を交えた〝人間並み〟葬で送られることが多い。「ひと様の葬場より、ペット霊園のほうに、むしろ純な涙がありますねエ」とは、我がゼミ生の感想である。

もっとも、さすが人間さま、向死期間の長さや厄介ごとの多さのせいだろうか、かつては「死から目を逸らしている」と批判されていた世論動向においてすら、このところ向死期のケアから「看取り」まで、実に多くの言説が屋上屋を重ねるといった情況を生み出しつつある。そして、にもかかわらずというべきだろう、死のもう一つ先にある事柄については、かえってまじめな宗教者ほど黙して語らないという、考えようでは、いささか不思議な現象傾向がある。クリスチャンのほうには「帰天」とか「昇天」という言い方があり、仏教者のほうにも「往生」とか「還浄」という言葉遣いはある。しかし、なにが「帰天」し、なにが「往生」するのですかと尋ねて、納得できる応えを得られることはまずないであろう。最終章及び対論やコメントは、その辺りの事情をも説明できればと願って加えたもの、読者諸賢の忌憚《きたん》ないご意見をいただければ幸いである。

大村英昭

参考文献

第2章

Baudelot, C. & Establet, R.（2006）*Suicide: The hidden side of modernity*, Polity Press.（ボードロ&エスタブレ『豊かさのなかの自殺』山下雅之・都村聞人・石井素子訳藤原書店、2012年）.

Burr, J. A., McCall, P. L. & Powell-Griner, E.（1997）Female labor force participation and suicide, *Social Science & Medicine*, 44(12): 1847-1859.

土堤内昭雄「中高年男性の社会的孤立について――格差社会の中高年クライシス」『ジェロントロジージャーナル』10-011, 22 Oct. 2010.

Durkheim, É.（1897）*Le suicide*, Presses Universitaires de France.（デュルケム『自殺論』宮島喬訳、中公文庫、1985年）

古橋忠晃（2012）「フランスのひきこもりから見えてくる精神病理」『精神神経雑誌』114(10)：1173-1179.

伊藤公雄（1996）『男性学入門』作品社.

岩波明、小山昭夫（2004）「自殺率の各国比較」『精神科』4(2).

岩波明（2007）『うつ病』筑摩書房.

門倉貴史（2008）『セックス格差社会』宝島社.

金子能宏、篠崎武久、山崎暁子（2004）「自殺の社会経済的要因と自殺予防の経済効果」『季刊社会保障研究』40(1)：75-87.

草柳千早（2011）『〈脱・恋愛〉論』平凡社.

小谷野淳（1997）『男であることの困難』新曜社.

京都大学経済研究所（2006）『自殺の経済社会的要因に関する調査研究報告書』平成17年度内閣府経済社会総合研究所委託調査、京都大学.
Miller, Geoffrey（2000）*The Mating Mind*, Brockman Inc.（ミラー『恋人選びの心―性淘汰と人間性の進化（1）』長谷川眞理子訳、岩波書店、2002年）
三浦展（2009）『非モテ』文藝春秋.
内閣府政策統括官（共生社会政策担当）（2011）「少子化社会に関する国際意識調査」.
新潟県精神福祉保健センター「統計データから見た自殺の現状　v1.2.」（www.pref.niigata.lg.jp/HTML_Article/298/.../suicidestatistics2.1,0.pptx）
佐藤留美（2008）『結婚難民』小学館.
澤田康幸、崔允禎、菅野早紀（2010）「不況・失業と自殺の関係についての一考察」『日本労働研究雑誌』598：58-66.
Stack, S.（1987）The effect of female participation in the labor force on suicide: A time series analysis 1948-1980, *Sociological Forum*, 2: 257-77.
多賀太（2005）「男性のエンパワーメント？――社会経済的変化と男性の「危機」」『国立女性教育会館研究紀要』9：39-50.
谷畑健生ほか（2003）「自殺と社会背景としての失業」『厚生の指標』50(8)：23-29.
梅澤正（2000）『企業と社会』ミネルヴァ書房.

第3章

Abarshi, E. *et al.*（2010）Transitions between care settings at the end of life in The Netherlands: results from a nationwide study, *Palliative Medicine*, 24(2), 166-174.
Bardehle, D. & Stiehler, M.（hrsg.）（2010）*Erster Deutscher Männergesundheitsbericht; Ein Pilotbericht*,

Zuckschwerdt.

Bravo G. *et al.* (2003) Advance directives for health care and research: Prevalence and Correlates, *Alzheimer Disease & Associated Disorders*, 17(4): 215–222.

Broom, A. & Cavenagh, J. (2010) *Masculinity*, moralities and being cared for: An exploration of experiences of living and dying in a hospice, *Social Science & Medicine* 71: 869–876.

Carr, D. & Khodyakov, D. (2007) End-of-Life Health care planning among young-old adults: an assessment of psychosocial influences, *The Journals of Gerontology*, 62B(2): S135–141.

Chapple, H. S., (2010) *No Place for Dying: American Hospitals and the Ideology of Rescue*, Left Coast Press.

Gruman, G. J. (2003=*1966*) *A history of ideas about the prolongation of life*, Springer Publishing Company.

Jones, S. (2003) *Y The Descent of Men*, Little Brown.（スティーヴ・ジョーンズ『Yの真実――危うい男たちの進化論』岸本紀子・福岡伸一訳、化学同人、2004年）

Kruger, D. J. & Nesse, R. M. (2004) Sexual selection and the Male: Female Mortality Ratio, *Evolutionary Psychology*, 2: 66–85.

Meinecke, Ch. E. (1981) Socialized to Die Younger? Hypermasculinity and Men's Health, *The Personal and Guidance Journal*, December 1981: 241–245.

Miesfeldt, S. *et al.* (2012) Association of age, gender, and race with intensity of end-of-life care for Medicare beneficiaries with cancer, *Journal of Palliative Medicine*, 15(5): 548–554.

Scott, A. M. M. & Kok, J.Y. (2008) Internationally, it is time to bridge the gap between primary and secondary healthcare services for the dying, *Annals Academy of Medicine*, 37 (2): 142–144.

Smets, T. (2012) Sex-based Differences in End-of-Life Decision Making in Flanders, Belgium, *Medical*

Care, 50(9): 815–820.

Rietjens, J. A. C. *et al.* (2012) Medical end-of-life decisions: Does its use differ in vulnerable patient groups? A systematic review and meta-analysis, *Social Science & Medicine*, 74: 1282–1287.

Rurup, M. L. (2011) The first five years of euthanasia legislation in Belgium and the Netherlands: Description and comparison of cases, *Palliative Medicine*, 26(1): 43–49.

Shugarman, L. R. (2009), Demographic and social characteristics and spending at the end of life, *Journal of Pain and Symptom Management*, 38(1): 15–26.

The SUPPORT Principal Investigators (1995) A controlled trial to improve care for seriously ill hospitalized patients. The study to understand prognoses and preferences for outcomes and risks of treatments (SUPPORT), *JAMA* 274: 1591–1598.

Turner, B. S. (2009) *Can we live forever? A Sociological and Moral Inquiry*, Anthem Press.

Wilson, D. M. (2009) The rapidly changing location of death in Canada, 1994–2004, *Social Science & Medicine*, 68: 1752–1758.

石飛幸三 (2010)『平穏死のすすめ　口から食べられなくなったらどうしますか』講談社.

石飛幸三 (2012)『「平穏死」という選択』幻冬舎ルネッサンス新書.

中村仁一 (2012)『大往生したけりゃ医療とかかわるな』幻冬舎新書.

中村仁一、久坂部羊 (2012)『思い通りの死に方』幻冬舎新書.

久坂部羊『日本人の死に時――そんなに長生きしたいですか』幻冬舎新書.

執筆者一覧（五十音順）

石飛　幸三（いしとび・こうぞう）　医師・東京都済生会中央病院副院長を経て、現在世田谷区立特別養護老人ホーム　芦花《ろか》ホーム医師
大村　英昭（おおむら・えいしょう）　僧侶・大阪大学名誉教授・現在相愛大学人文学部教授
久坂部　羊（くさかべ・よう）　医師・作家・大阪人間科学大学教授
阪本　俊生（さかもと・としお）　南山大学経済学部教授
釈　徹宗（しゃく・てっしゅう）　僧侶・相愛大学教授
中村　仁一（なかむら・じんいち）　医師・社会福祉法人「同和園」附属診療所所長
山中　浩司（やまなか・ひろし）　大阪大学人間科学研究科教授

阪大リーブル55

とまどう男たち――死に方編

発行日　2016年7月6日　初版第1刷　〔検印廃止〕

編　著　大村英昭・山中浩司

発行所　大阪大学出版会
代表者　三成賢次
〒565-0871
大阪府吹田市山田丘2-7　大阪大学ウエストフロント
電話：06-6877-1614（直通）　FAX：06-6877-1617
URL　http://www.osaka-up.or.jp

イラスト　松田准一

装　丁　荒西怜子

印刷・製本　株式会社 遊文舎

ISBN 978-4-87259-436-2　C1336

HANDAI Livre

阪大リーブル

001 ピアノはいつピアノになったか？（付録CD「歴史的ピアノの音」）伊東信宏 編 定価 本体1700円+税

002 日本文学 二重の顔 〈成る〉ことの詩学へ 荒木浩 著 定価 本体2000円+税

003 超高齢社会は高齢者が支える 年齢差別《エイジズム》を超えて創造的老い《プロダクティブエイジング》へ 藤田綾子 著 定価 本体1600円+税

004 ドイツ文化史への招待 芸術と社会のあいだ 三谷研爾 編 定価 本体2000円+税

005 猫に紅茶を 生活に刻まれたオーストラリアの歴史 藤川隆男 著 定価 本体1700円+税

006 失われた風景を求めて 災害と復興、そして景観 鳴海邦碩・小浦久子 著 定価 本体1800円+税

007 医学がヒーローであった頃 ポリオとの闘いにみるアメリカと日本 小野啓郎 著 定価 本体1700円+税

008 歴史学のフロンティア 地域から問い直す国民国家史観 秋田茂・桃木至朗 編 定価 本体2000円+税

009 懐徳堂 墨の道 印の宇宙 懐徳堂の美と学問 湯浅邦弘 著 定価 本体1700円+税

010 ロシア 祈りの大地 津久井定雄・有宗昌子 編 定価 本体2100円+税

011 懐徳堂 江戸時代の親孝行 湯浅邦弘 編著 定価 本体1800円+税

012 能苑逍遥(上) 世阿弥を歩く 天野文雄 著 定価 本体2100円+税

013 わかる歴史・面白い歴史・役に立つ歴史 歴史学と歴史教育の再生をめざして 桃木至朗 著 定価 本体2000円+税

014 芸術と福祉 アーティストとしての人間 藤田治彦 編 定価 本体2200円+税

015 主婦になったパリのブルジョワ女性たち 一〇〇年前の新聞・雑誌から読み解く 松田祐子 著 定価 本体2100円+税

016 医療技術と器具の社会史 聴診器と顕微鏡をめぐる文化 山中浩司 著 定価 本体2200円+税

017 能苑逍遥(中) 能という演劇を歩く 天野文雄 著 定価 本体2100円+税

018 太陽光が育くむ地球のエネルギー 光合成から光発電へ 濱川圭弘・太和田善久 編著 定価 本体1600円+税

019 能苑逍遥(下) 能の歴史を歩く 天野文雄 著 定価 本体2100円+税

020 懐徳堂 市民大学の誕生 大坂学問所懐徳堂の再興 竹田健二 著 定価 本体2000円+税

021 古代語の謎を解く 蜂矢真郷 著 定価 本体2300円+税

022 地球人として誇れる日本をめざして 日米関係からの洞察と提言 松田武 著 定価 本体1800円+税

023 フランス表象文化史 美のモニュメント 和田章男 著 定価 本体2000円+税

024 懐徳堂 漢学と洋学 伝統と新知識のはざまで 岸田知子 著 定価 本体1700円+税

025 ベルリン・歴史の旅 都市空間に刻まれた変容の歴史 平田達治 著 定価 本体2200円+税

026 下痢、ストレスは腸にくる 石蔵文信 著 定価 本体1300円+税

027 セルフメディケーションのための くすりの話 那須正夫 著 定価 本体1100円+税

028 格差をこえる学校づくり 関西の挑戦 志水宏吉 編 定価 本体2000円+税

029 リン資源枯渇危機とはなにか リンはいのちの元素 大竹久夫 編著 定価 本体1700円+税

030 実況《ライブ》・料理生物学 小倉明彦 著 定価 本体1700円+税

031 夫源病
こんなアタシに誰がした
石蔵文信 著
定価 本体1300円+税

032 ああ、誰がシャガールを理解したでしょうか？ CD付
二つの世界間を生き延びたイディッシュ文化の末裔
圀府寺司 編著
定価 本体2000円+税

033 懐徳堂ゆかりの絵画
奥平俊六 編著
定価 本体2000円+税

034 試練と成熟
自己変容の哲学
中岡成文 著
定価 本体1900円+税

035 ひとり親家庭を支援するために
その現実から支援策を学ぶ
神原文子 編著
定価 本体1900円+税

036 知財インテリジェンス
知識経済社会を生き抜く基本教養
玉井誠一郎 著
定価 本体2000円+税

037 幕末鼓笛隊
土着化する西洋音楽
奥中康人 著
定価 本体1900円+税

038 ヨーゼフ・ラスカと宝塚交響楽団
（付録CD「ヨーゼフ・ラスカの音楽」）
根岸一美 著
定価 本体2000円+税

039 上田秋成
絆としての文芸
飯倉洋一 著
定価 本体2000円+税

040 フランス児童文学のファンタジー
石澤小枝子・高岡厚子・竹田順子 著
定価 本体2200円+税

041 東アジア新世紀
リゾーム型システムの生成
河森正人 著
定価 本体1900円+税

042 芸術と脳
絵画と文学、時間と空間の脳科学
近藤寿人 編
定価 本体2200円+税

043 グローバル社会のコミュニティ防災
多文化共生のさきに
吉富志津代 著
定価 本体1700円+税

044 グローバルヒストリーと帝国
秋田茂・桃木至朗 編
定価 本体2100円+税

045 屏風をひらくとき
どこからでも読める日本絵画史入門
奥平俊六 著
定価 本体2100円+税

046 アメリカ文化のサプリメント
多面国家のイメージと現実
森岡裕一 著
定価 本体2100円+税

047 ヘラクレスは繰り返し現われる
夢と不安のギリシア神話
内田次信 著
定価 本体1800円+税

048 アーカイブ・ボランティア
国内の被災地で、そして海外の難民資料を
大西愛 編
定価 本体1700円+税

049 サッカーボールひとつで社会を変える
スポーツを通じた社会開発の現場から
岡田千あき 著
定価 本体2000円+税

050 女たちの満洲
多民族空間を生きて
生田美智子 編
定価 本体2100円+税

051 隕石でわかる宇宙惑星科学
松田准一 著
定価 本体1600円+税

052 むかしの家に学ぶ
登録文化財からの発信
畑田耕一 編著
定価 本体1600円+税

053 奇想天外だから史実
―天神伝承を読み解く―
髙島幸次 著
定価 本体1800円+税

054 とまどう男たち―生き方編
伊藤公雄・山中浩司 編著
定価 本体1600円+税

055 とまどう男たち―死に方編
大村英昭・山中浩司 編著
定価 本体1500円+税

056 グローバルヒストリーと戦争
秋田茂・桃木至朗 編著
定価 本体2300円+税

（四六判並製カバー装。定価は本体価格＋税。以下続刊）